康軒盃台東超級鐵人三項賽，比賽前的誓師。

（上）康軒盃台東超級鐵人三項賽，李萬吉董事長完成游泳項目正奔赴騎腳踏車項目。
（下）康軒盃台東超級鐵人三項賽，李萬吉董事長正在挑戰腳踏車項目。

台東國際鐵人三項賽事的半程超級鐵人賽，長跑項目。

康軒盃台東超級鐵人三項賽，
李萬吉董事長完成第一百場鐵人賽事。

台東國際鐵人三項賽事的半程超級鐵人賽，腳踏車項目。

康軒鐵人隊

六年級學生菁英活動「築夢康橋，圓夢雪山」。

六年級學生菁英活動「築夢康橋，圓夢雪山」，成功登頂。

八年級學生菁英活動「築夢康橋，圓夢合歡群峰」。

八年級學生菁英活動「築夢康橋，圓夢合歡群峰」，成功登頂。

九年級學生菁英活動「築夢康橋，圓夢日月潭」，游向 3300 公尺對岸。

九年級學生菁英活動「築夢康橋，圓夢日月潭」，完成挑戰。

康橋國際學校國高中生組隊參加台北市國際龍舟賽，成績斐然。

十年級學生單車環台菁英活動「築夢康橋，壯遊台灣」，獲家長會大力支持。

李萬吉董事長為準備出發環台的十年級學生勉勵。

十年級學生單車環台菁英活動「築夢康橋，壯遊台灣」，用腳認識台灣。

十年級學生單車環台菁英活動「築夢康橋，壯遊台灣」，全體大合照。

康橋國際學校每年舉辦藝文公演，提供展現多元能力的舞台。

康橋實施「探索教育課程」，引導學生團隊合作。

康橋國際學校國高中實施「一人一才藝課程，厚植藝文素養。

康橋實施「探索教育課程」，高空設施鍛鍊孩子的膽識。

康橋實施「探索教育課程」，激發孩子自我挑戰。

康橋實施「探索教育課程」，培養學生互信互助。

康橋自小學實施專題研究課程，讓學生做學習的主人。

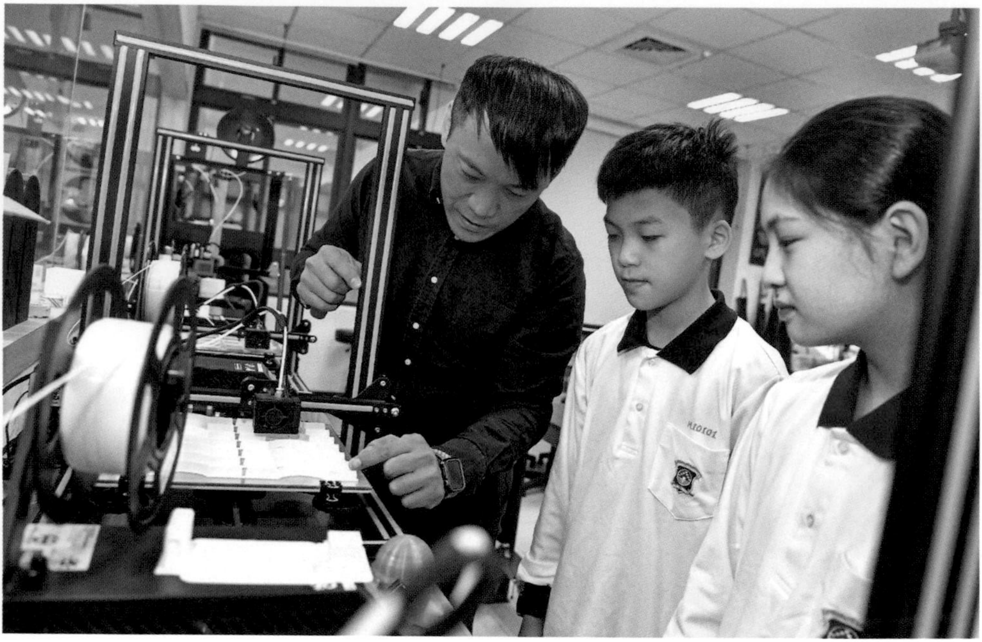

康橋透過「創客課程」，培養學生創意實作與解決問題的能力。

康橋的「創客課程」，以未來應具備的能力為教學主軸。

康橋主題式英語村課程，讓孩子自然地使用英語溝通。

康橋各校區建置田園教學區，提供豐富的田園教學資源。

透過各種律動和體能活動，從幼兒園開始培養運動習慣。

康橋國高中輕艇水球校隊，是國內外競賽的常勝軍。

康橋每年舉辦師生聯合美展，
鼓勵學生持續精進藝術創作長才。

康橋小學生以李萬吉董事長為探究對象，了解他的創業理念和鐵人精神。

康橋小學生以李萬吉董事長為探究對象，參加網界博覽會獲獎。

李萬吉董事長帶領康橋各校區校長同賀許銘欽校長獲頒十大傑出校長獎。

李萬吉董事長獲頒大同大學名譽博士頒授典禮。

鐵人教育心法

李萬吉獨一無二
的教育理念和生活哲學，
創造美好人生的100個智慧

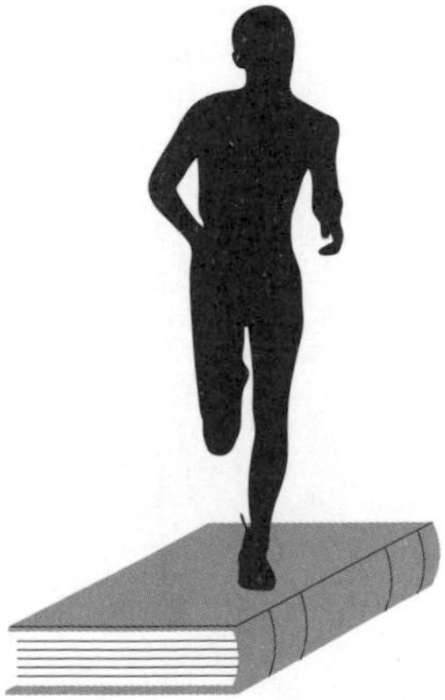

李萬吉 著

目錄

輯二　鐵人聊教學：教學探索與實踐，當老師從來不簡單

輯三　鐵人講政策：合理法律政策，讓教育長遠發展

輯四　鐵人看教養：良好親子教育，改變孩子未來

輯五 鐵人談生涯：規劃人生馬拉松，給孩子作夢的勇氣和能力

〔推薦序〕

教育有心法　孩子潛能全開發

吳清基

教育是一種成己成人的志業，也是一種廣種福田的積德工作，可以讓一個人終身投入而不會後悔。認識李萬吉董事長超過三十年，看到他為教育工作的付出貢獻，令人感佩。

二〇一八年六月，李萬吉董事長大作《鐵人教育夢》問世，我拜讀後非常感動。一個教育素人，不是師範校院教育科班出身，但是卻能將教育工作作一成功的事業管理，創辦幼兒園、中小學，教科書、出版文教圖書雜誌，雄跨海峽兩岸，造福兩岸學子無數。個人常常覺得政府力量有限，民間力量無窮。教育工作是政府的本務，不容推辭，但是，若能鼓勵更多的社會人士，共同投入，發揮教育教育愛心，提供更多的社會資源，來彌補政府力量的不足，則應該會是一樁好事。

本書《鐵人教育心法》，是李萬吉董事長獨一無二的教育理念和生活哲學，提出了創造美好人生的一百個智慧，字字珠璣，耐人尋味。一個人因為有理念、有理想、有心築夢、持之有恆，確可有一番成就作為。確實，教育的本質，是老師代表社會成熟者，教導身心不成熟的青少年，使其在「認知、技能、情意」上能有增進成長的歷程。其實，孩子的成長，固然學校教育要擔負最大的責任，但是，家長的親職教導照顧，也是義不容辭，此外，政府的政策決策推動，也是關鍵的力量。

換句話說，一個未來人才的完美培養，固然繫乎教師的教學投入，也關係家長的親職照護及政府的政策執行；當然，學生的本身的有效學習、主動投入，更是關鍵因素的重中之重。

本書李萬吉董事長《鐵人教育心法》共分五輯，分別探討「鐵人聊教學：教學探索與實踐，當老師從來不簡單」（輯二），對教師教學事業的專長與實踐，作了深入探析；另「鐵人看教養：良好親子教育，改變孩子的未來」（輯四），更是發人深省，對當下父母親作了最有建設性的建議；另「鐵人講政策：合理法律政策，讓教育長遠發展」（輯三），對政府執行雙語教育、私校教育、實驗教育……均作了種種前瞻的建議；當然，對學生的學習成長和未來生涯規劃，他最為關注，有二輯深入淺出的析論，可見其用心投入誠摯深切。

在「鐵人論學習：掌握學習策略，培養孩子學習樂趣」（輯一）、「鐵人談生涯：規劃人生馬拉松，給孩子作夢的勇氣和能力」（輯五），再次確認教育的核心任務和目標，就是在成就孩子的未來，孩子能主動積極投入學習，其學習成就一定會更大更好。當前政府一〇八課綱，所提出「自主學習」和「共好學習」是一個正確的課程教學目標。只要能培養出孩子的學習樂趣，讓他能自主學習，教學成果一定可樂觀預期。至於，孩子的生涯發展，更常被忽略，「落實適性揚才，讓學習擇其所愛」、「培養未來競爭力，更不該輸在起跑點」、「放開光環，未來不只一條路」……。的確，本書所提出創造美好人生的一百個智慧，均值吾人細細品味，並在關懷教育用心下，好好來探索與實踐。

本書《鐵人教育心法》之問世，應是李萬吉董事長個人長期投入教育事業經營管理的形上哲學智慧結晶，他個人有心辦學，作育英才，功在社會；他也出版教育圖書雜誌，幫助教師有效教學，協助學生有效學習。他對教育的辦理，身體力行，深切實踐，不只是口號，已見成果，才是值得見證。本書從教師的教導、學生的學習、家長的關照、政府的責任，多元角度切入，來成就孩子的未來亮麗美好人生，是值得任何關心教育國家百年大計者所共同關注的課題。相信本書之出版，一定會引起社會熱烈共鳴，注入大家對教育更大的關切正能量，讓教育未來會更好！

台灣教育大學系統總校長
台灣師範大學名譽教授
淡江大學講座教授
前教育部部長、國策顧問
吳清基

〔推薦序〕

人生不只有一場比賽，了解自己，找到適合的賽場

林騰蛟

認識李萬吉董事長已多年，李董事長長期致力於教育文化事業，建立運動企業文化，不僅是企業家，也是教育家，更是運動家；李董事長十分熱衷鐵人三項活動，成立康軒文教集團後，更將工作與運動結合，而後跨足辦學事業，創建康橋國際學校，難能可貴的是在各項鐵人賽事都能持續看到他的身影，帶著公司夥伴、學校師生一起加入鐵人運動，共同親身體驗與培養不斷自我超越與突破的鐵人精神，數十年如一日，著實令人敬佩！

公務之餘，李董事長將個人的辦學體會與心得，以及對於教育現況和教育政策所思所繫，撰文投稿分享看法，多年下來累積了許多豐富的題材與見解。本書收錄五大輯，包括鐵人論學習、鐵人聊教學、鐵人講政策、鐵人看教養，以及鐵

人談生涯，不論是對於學生、教師、教育決策者、家長來說，閱讀起來流暢又有真實感，十分受用。誠如書中所言，人生更像是鐵人三項競賽，每個人有自己的出發時間，在不同的組別和賽程中盡力。有人三項都很擅長，也有人稍有弱項，但只要努力完成，都值得肯定讚賞。人生中不會只有一場比賽。不妨多了解自己，找到適合自己的賽場，挑戰不同的目標。細細讀來，一字一句寫下李董事長對於教育的使命感和人生哲學智慧，每每讓人感受如沐春風、心有同感，甚至令人豁然開朗。期盼李董事長的鐵人教育心法所綻放之教育正能量，能成為一種教育的良性循環，綿延而出適性揚才教育之壯闊盛景。

最後，感謝李董事長的盛邀，本人有幸在本書付梓前先行拜讀，並欣然為序，推薦分享好書好文。

教育部常務次長

林騰蛟

〔推薦序〕

董事長的教育理念和教學成效，非常具有啟發性與實用價值

高俊雄

二〇二二年八月偕同健康運動聯盟秘書長張東洋先生，前往康軒文教事業總部拜會李萬吉董事長，討論「健康達人挑戰賽計畫」，我留下非常深刻的印象，除了李董事長帶領員工身體力行每天規律長跑、騎自行車和游泳，持續參加超級鐵人三項（二二六公里）之外，並且輔以財務誘因型塑企業運動文化，鼓勵全體員工規律運動促進健康。同年十一月有機會親自造訪康橋國際學校教學現場，更能體會鐵人教育家的理念、生活哲學以及創造美好人生的智慧，絕非憑空想像；而是李董事長對於社會發展現象與趨勢，時時刻刻都在反思，並以前瞻的思維規劃型塑教育現場，持續為許多人美好的人生，播種耕耘，為國家社會作育英才，永不停歇所淬鍊出的智慧和心法。

面對台灣少子女化的趨勢，幾乎所有學校都在煩惱生源不足的招生問題，但是康橋思索的議題卻是如何有效甄選申請就讀的學生，建構術德兼備，文武雙全的教學環境和教材教法，為培養具有國際競爭力的社會菁英奠定基礎。多年來康橋高中畢業生就讀美國長春藤及百大名校的比例超過七〇%，在在證實李董事長前瞻的教育理念和卓越的教學成效，非常值得家長、教師、教育行政以及關心教育發展者參考。

《鐵人教育心法》這本書中李董事長暢談分享：培養學生學習樂趣，當老師從來不簡單，教育發展需要合理政策，良好的親子教育，給孩子作夢的勇氣和能力，以及改變孩子的未來等數十年累積的經驗和智慧，非常具有啟發性與實用價值。承蒙作者厚愛，本人得以先睹為快，滿心歡喜。在此，也恭賀李董事長獲頒大同大學榮譽博士，實至名歸，足為典範。

台灣健康運動聯盟理事長，南華大學副校長
前教育部體育署署長，前國立體育大學校長

高俊雄

〔作者序〕

教育浪潮中的變與不變

感謝中國時報提供機會，「鐵人夢語」教育專欄從二〇一一年七月開始每周刊登，至二〇二二年十一月中停刊，十一年下來累積了五五五篇文稿，算是個人長時間以來，對台灣教育環境的觀察、理解、思辨與回饋。

這十一年當中，台灣教育發生不少大規模的變革和衝擊，例如制定實驗教育三法、實施十二年國教課綱、改革大學考招制度、推動雙語國家政策等等。這些制度性的變革為教育現場掀起千層浪，有人乘浪而起，也有人被浪淹沒。當然也有許多人選擇站在岸邊觀望，期待著風平浪靜，或習慣性批判政府沒事就愛興風作浪。

二〇一九年底開始的新冠肺炎疫情，為全球帶來龐大的生命財產損失，即便較為保守穩定的教育體制，也禁不起這波衝擊，不得不制定新的制度規則，利用新的技術，發展新的教學模式。誰也沒想到，過去總是推不太動的數位教學，能在短短一兩個月中成為多數老師的教學日常；過去鮮少人關注的數位教學平台，瞬間成為最熱門的需求。

面對教育的改變與衝擊，可以選擇樂觀看待，積極迎戰；也可以悲觀抵制，消極逃避，當中的選擇未必都有一定對錯，因為每個人的眼界、立場和需求不同，承擔的風險也不同。然而變與不變，總有些普遍可依循的準則，並且是能符應社會變遷與世界潮流，最終能幫助下一代迎向未來發展的良善準則。或者說，就是一種心法吧！

這本《鐵人教育心法》，是從近二五〇篇專欄文章中集結挑選而成，在選文的過程中，彷彿又回顧這幾年的教育發展，以及自己對教育的各種想法，也漸漸發現教育涵蓋的層面雖廣，可探究的問題很多，但癥結常在「觀念」上，包括對政策結果的想像、對教學專業的認知、對學習目的的設定、對教養態度的選擇，以及最重要的是對孩子未來發展的期待。同樣的，這些觀念也沒有絕對的標準，就看當事人用什麼心法去因應吧！

自一九八八年開始投身入教科書出版，二〇〇二年開辦康橋系列學校，這個專欄成為我傳達教育理念與作法的第三種管道，同時也提供一個自我對話與省思的機制。雖然人微言輕，還是希望透過這些文字，能幫助自己影響所及的人，在快速變動的社會環境與相對保守的教育體制中，釐清教育中該有的變與不變，許孩子一個美麗的未來。

輯一

鐵人論學習

掌握學習策略，培養孩子學習樂趣

學習才是活化的目的

與朋友聊現在的學校教育，雖然仍有許多老問題，但也明顯感受到一股「翻轉」的潮流。從媒體或雜誌的報導中，國內和國外都可以看到許多教學的新方法和新觀念，以不同程度影響著教育現場，雖然作法不盡相同，但都有共同的目的，就是希望讓教學「活化」，好提升教學成效。

這些引起大家注意的新方法，一定是有一些成功的案例，但也通常不是放諸四海皆準的。實際上，不少老師在複製、學習某些活化教學的方法時，會發現明明很努力在做，卻未必能達到預期的效果，甚至因嘗試改變失敗而遭到同儕或家長的質疑與批評，結果反而否定那些翻轉的觀念，寧可採取熟悉且保險的老方法，令人感到遺憾。

教學是老師與學生互動的過程，每個學生的條件和需要不同，每個領域所要學習的知識也不一樣，每個老師的能力與特質也有所差異，這些因素都會影響著每一次教學的效果。現今教育既然強調適性多元，當然不能期待同一種方法能適用在所有的教學情境中。

任何教學設計，都要記得學習的主體是學生，讓學生「學會」才是關鍵。從另一個角度來看，真正要活化的其實是「學習」，也就是說，要先能讓學生「想要學」，然後利用不同的方法，引導學生去理解和運用，找出適合自己的學習模式。甚至能依據個別能力去安排學習範圍或進度，讓學習有足夠的成就感和挑戰性，那樣的學習應該就會充滿生趣。

活化教學只是手段，活化學習才是目的。唯有讓學習真正產生效果，活化教學才有意義，否則任何精心設計的教學流程和課程設計，若無法讓學習活起來，都將會徒勞無功。

學習要持續 好奇樂趣少不了

一位在兩岸保險業打拼多年的高階主管，退休幾年後選擇回到學校，修讀了宗教研究所，拿到碩士後，又繼續攻讀哲學博士，現在每天絕大部分時間都在閱讀。友人問他為什麼這把年紀還想這麼辛苦讀書？他說原因其實只有四個字，「好奇、喜歡」。

「好奇」和「喜歡」應該是人類最基本也是最有效的學習動力，看那些學齡前的小小朋友，總是對周遭新事物感到好奇，喜歡問，喜歡聽，喜歡做，喜歡試。當他們發現所做的事情做得來，而且有樂趣，往往可以花很長時間專注在同一件事情上。同樣的，也有許多上了年紀的人，也因為喜歡某些事情，包括喜歡探索新事物，仍抱持著高度的學習動力，比年輕時還學得更認真。

然而，常發現孩子上了小學、中學，甚至大學，花更多時間在學習，卻對學習越來越缺乏動力。造成這個轉變的原因可能很多，但「沒興趣」往往是關鍵中的關鍵。孩子沒興趣學，可能因為內容太簡單，或者太難；也可能是因為學習方法過度單調，或過於複雜。

當學習過程無法從成就感中累積樂趣，學習自然難以有效持續。加上學校安排的學習內容通常不是孩子自己想要的，不是自己選擇的，若沒有適當引起動機，孩子一開始就缺乏好奇心，那就雪上加霜了！

如何引發學習動機？如何維持高度的學習興趣？本來就是教學者要一直面對的課題，而且往往沒有一招打遍天下的不變模式，需要因人、因時、因內容而異。因此，當發現學生上課不專心，作業不想寫，除了責備處罰學生外，老師也需要回頭檢視課程內容和教學設計，是否能引發足夠好奇和樂趣？才能讓學生想要學。

成就感和壓力 讓學習持續

因為自己喜歡跑步，也常鼓勵身邊的同事或友人跑步，畢竟那是最簡單的運動，除非有特殊狀況，無論快慢遠近，只要願意讓自己跑起來，流流汗，喘喘氣，對身體都是好的。只是要讓人願意把跑步當做固定的運動習慣並不容易，嫌自己跑不動、怕無聊，身邊不喜歡跑步的人總可以找到理由為自己設限。

然而，最近也發現許多原本不愛跑步的朋友開始練跑，有人為了減重而跑，有的是為了陪著家人跑，有的是同事揪團不好意思拒絕，在團體激勵之下跟著跑，至少有伴不會無聊。也有人因為家人送了衛星定位的專用手錶，怕浪費了手錶的功能而開跑，而每次跑步紀錄上的各種數據，似乎也成了激勵他繼續跑的誘因，想看看自己能否比上次跑遠一點，或跑快一點！

跑步本來就不是輕鬆的事情，加上人普遍有惰性，對於這種苦差事，若沒有足夠的激勵，多數人會選擇敬而遠之，但只要在適當的時機，給予對的誘因，通常就可以激發動力去嘗試。接下來，若能從他人的稱讚或支持產生成就感，甚至是某種壓力，就不難持續下去，漸漸變成一種習慣。這些過程，如果能加上團體約束的力量，就更容易成功，這些都是個人在企業中推廣運動訓練的經驗。

套用到學生學習的過程中，也經常會有類似的狀況，當學習過於輕鬆，沒什麼成就感，學生會覺得無趣；學習過於困難，或者作業考試過於繁重，則容易放棄。專業的老師若能提供誘因激發學習，給予足夠的正向支持，搭配適當的壓力和挑戰，讓學生有過關升級的成就感，勢必能有效激勵學習，讓學生養成主動學習的習慣。就像跑步上癮的人，不用人督促也想跑一樣。

排名不是學習的目的

為了如期完成人生的第一百場鐵人賽，這段期間除了持續訓練外，也積極到處征戰，只差沒有像廣告詞所說的「不是在鐵人賽場上，就是在前往鐵人賽的路上」。

隨著年紀增長，參賽的組別競爭對手減少，拿到名次的機會也就大增，這一生當中大概就這段時間最常上台領獎吧！

其實在鐵人賽或馬拉松這種人數眾多的賽場上，除了少數頂尖選手追求前幾名的獎項外，絕大多數人挑戰的都只是自己設定的目標。一開始通常只求「完成賽事」就好，跑了幾場後可能就會希望提升速度，突破某個時間門檻。排名往往只是一種參考，給自己多一些往前進步的動力，但不太會是訓練和參賽的主要目的。也就是說，這類比賽的主要對手就是自己，速度加快比排名進步更有成就感。

我認為學生學習也應該是這樣的概念，在大範圍的課程架構與教學進度下，每個學生依照自己的資質條件和興趣專長來設定挑戰目標，重要的是讓自己不斷進步，並且因為進步而獲得成就感，願意投入更多心力學習，才會形成自發性的學習。偶爾同儕之間的比較，只是幫助老師和學生自己了解學習成效，或者強化動機的手段之一。

遺憾的是，現今許多家長和老師把競爭視為學習的主要目的，只看重成績排名，很容易否定學習過程的付出，忽略學生的個別差異，也會窄化學習的範疇。有些聰明的學生，不太需要努力就可以考高分，就很容易看輕學習這件事；相反地，有些學生就是不擅長某些學科，即使努力了也得不到肯定，兩者對於學習都非好事。

未來的學習強調適性揚才，讓學生在適合自己的路線上，用符合自己條件的步調，做最有效且最持久的學習，這是學校教育最該重視的課題。

評量的目的不在追求高分

在學校的各種學習活動中，評量是重要的一環，但也是絕大多數學生都討厭，甚至害怕的事情。對很多學生來說，多一個考試就如肩頭多一個重擔，能少考一次試，也可能讓學生高興一整天！

造成考試這麼惹人厭的原因，通常不是考試本身，而是考試後要面對的結果。例如答錯題目可能被罰寫好幾遍，分數考差了會被老師和家長責罵甚至體罰，更討厭的是明明考得還不錯，還要被拿來跟其他更好的同學相比。

程度較差的學生，常會覺得怎麼努力都考不好；程度好的學生，又擔心自己沒辦法得滿分！少數會喜歡考試的學生，大多也是因為能從結果獲得獎賞。漸漸的學生只在乎考試的分數，而忽略了考試真正的目的。

有效的評量要能夠讓老師掌握學生的學習成效，並讓學生願意繼續學習。對此，美國學者經研究提出「八十五分最適學習定律」，認為除了少數為了證明能力、分發學校或決勝負的考試外，一般的評量結果，八十五分是孩子們能學到最多本來不會、而且再學習效果最好的分數。

然而長期以來，大人們總期望孩子每次考試都能越高分越好，不只增加了考試對學生的壓力，也容易忽略拿到滿分時，反而未能檢視出真正學習的問題。另一方面，老師經常為了「增加學生大考應試能力」，刻意提高平時考試的難度，這對少數程度好的學生或許有刺激作用，但卻苦了多數資質中等甚至落後的學生，完全削減了他們對學習的熱情。

評量的目的不是要考倒學生，也不是要討好學生。若能透過適當的考試頻率和難度，讓學生從考試結果獲得一定的成就感，學生應該會更願意針對不足之處，持續學習改進，這樣的評量才有其真正意義。

過度強調升學　易讓學習本質走味

據教育部統計，近三年來全國都有近四十所國小只有一位小一新生，五都也不例外。受到少子化問題持續衝擊，這幾年不僅私立學校努力求生存，公立國高中也都提高危機意識。在各個國小的升學博覽會上，越來越常見到鄰近公立國中校長帶隊去宣傳；公立高中職也透過各種管道平台，努力突顯辦學特色和績效，就為了獲取家長和學生的青睞。

由於新課綱實施，家長對孩子學習產生更多憂慮，這幾年各高中職宣傳重點，多了許多課程介紹，要讓家長知道學校規劃哪些必修和選修課程？提供哪些額外的學習資源？然而，許多學校在向家長說明時，會不斷強調這些教學可幫助學生升學，甚至讓人感覺學校課程設計和活動，一切目的都導向「對升學有幫助」。

不可否認升學績效是國高中很重要的辦學成果指標，幫助學生達成期待的升學目標也是學校的責任。然而國高中的學校教育目的和功能，絕不會只為了升學，還有許多在升學制度下不容易被看見或採計，卻是全人教育所重視的各種品格、能力和特質，更需要透過學校教育環境來培養。

舉例來說，學生投入志工服務，可以增進學生對社會的關懷；參加各種競賽，幫助學生培養專長，挑戰自己；學習多國語言文化，能擴展國際觀和移動力。這些學習本身就非常有意義和價值，當學校過度強調對升學的重要性，就容易讓學習的本質走味。

家長難免會想：「做這個對升學有什麼幫助？」此時學校除了滿足其心理期待，更需要以更高遠的角度，來引導家長的思維，學習不只為了升學，有些學習即便對升學沒有直接幫助，仍是孩子應該努力去嘗試和完成的。

科學素養 需長期累積

前些日子媒體報導，國家教育研究院調查二七三八名國一學生，發現逾六成學生實驗課都按照教師或課本的指引操作，很少自己提出研究問題，探究精神不足。此外，有學者也批評部分教師目前尚無能力帶領學生想題目，中學現場實驗器材也不足。這些實際的教學問題，都會限制新課綱探究與實作新制的落實。

這樣的現象可說是必然的，新課綱才起步一年多，老師和學生都還習慣於傳統的教學模式，多數國高中仍以評量分數和升學榜單為最重要績效，在有限的課程節數中，有些老師乾脆在教室裡「講授實驗」，或者播放影片讓學生「觀察實驗」，能做好實驗室管理，讓學生照著課本做實驗，已經是很值得嘉許的了！

現階段，教育現場要讓學生普遍能夠自己提出研究問題，做到「以學生為本位」的實驗教學，理想性實在太高了！有大學教授指出，「自己提出問題」是科學研究中最難的關卡，平時專注於研究的大學教師都得花許多時間想，更何況是中學師生。

實際上，就算是每年參與科展的眾多作品中，由指導老師「建議題目」的比例也相當高，對於平時就對科學興趣缺缺的學生來說，沒有適切的引導就要自己想問題做實驗，可說是痴人說夢。

科學素養，除了科學基本知識和實驗操作技能外，還要有觀察記錄、分析歸納、批判思考和解決問題等能力，這些需要長時間與經常性的學習累積，只靠正規的實驗課程是不足的。然而只要能透過課程教學的設計，從小學階段開始，規劃自主探究的課程，或在各學科領域中融入，這些科學素養便可逐步建立。當然，另一個重要的關鍵是，這些在傳統教育思維培養出來的中小學老師們，也必須先提升自己的科學素養才行。

寒暑假是自主學習的好時機

雖然受疫情影響又延後了幾天，新學期還是在平安中開學了。或許是因為疫情，這個寒假多半都不能安排出國遠行，甚至連許多營隊活動都無法辦理，孩子在家悶的差不多了，家長也巴不得趕快把孩子送到學校去。有老師發現，比起往年的開學，這次學生們到校狀況特別準時，開學前的準備也很充分。

對於寒暑假，多數人把它當作學生可以放鬆的「假期」，所以學校只要額外規定作業或安排學習活動，都好像在增加學生（和老師）負擔。然而從身體機能來看，一般人是不需要這麼長時間的放鬆休息的，鬆懈太久反而更難進入下一階段的學習。因此寒暑假的意義，應該在於「轉換」。

以學生來說，少了學校制式的課程與教材約束，學生應該有更多機會去選擇自己有興趣的學習標的。可以利用這段較長的假期，設定一兩個明確的學習目標，例如完成居家附近的某種田野調查、學會某項運動技能、做個有趣的專題研究，或者做些手作、設計、藝文創作都可以，關鍵是學生自己喜歡且想做的，然後轉換學習的模式，讓自己真正成為學習的主人。

多數學生可能不知道如何適當安排這種自主學習，此時就需要學校老師的協助，在假期前先引導學生做計畫，假期中適度與學生保持聯繫，一來確認學生的學習進度和方向，二來給予必要協助和鼓勵。這些雖然稍微增加老師寒暑假的負擔，但不僅對學生有極大幫助，也有利於引導學生開學後快速進入正式學習的狀態。

當然，寒暑假適度的休息是必要的，因此大人在引導孩子自主學習時不能過度，也不宜太有升學目的的功利性，以免揠苗助長，反而失去自主學習的樂趣和功能！

學習才藝價值 不亞於考卷分數

適逢辦學二十周年，學校特地擴大舉辦一場兩岸跨九校區的聯合學生美展，開幕當天看到七百多件作品陳列在偌大的展場，心中充滿感動，因為每幅作品都看得見學生的付出，努力用不同方式呈現自己的想法，充滿無限的創意和美感！

當中許多國高中生參展，很難想像他們如何在繁重的課業和升學壓力下，還能利用寶貴的課餘時間創作？除了學生要有高度的熱忱外，相信家長和學校的支持也是非常重要的。

過往家長在談論國中選校的問題時，常有家長無奈的說，進入那些以升學績效著名的公私立國中，為了跟上大家的進度，應付每天大小的考試，孩子就得放棄喜歡的才藝活動，雖然覺得有點可惜，但為了升學的目標，那是必要的犧牲。

這些家長通常在意的就是時間效益，覺得花太多時間在那些才藝學習上，會影響學科的學習，減低升學考試的競爭力。然而透過才藝學習所獲得的能力，往往更是終身受用的。就如一位美術老師所說，學生在藝術創作的過程，會需要規劃分析和觀察思考，需要做決策和解決問題，更需要耐性和專注力來完成作品。而創作本身也是一種自我表達和與人溝通的表現，這些能力的價值和重要性，應該不低於每次考卷上的分數。

觀察那些願意花時間和心力學習才藝的學生，很少因此荒廢學業。相反的，他們往往更能夠學會時間管理，找到更有效率的學習方法，而學習才藝過程所培養的能力，對學科學習也一樣有幫助。因此，同樣時間的價值孰輕孰重，其實很難定論。

學習最大的價值在於成長，成長也有許多面向，不該侷限在分數或排名上，家長其實可以放寬心，拉高眼界，不要輕易阻斷孩子各種學習和成長的機會。

從A到A＋＋的代價

面對一〇八新課綱的第一屆會考，到底會有什麼結果？不僅學生和家長緊張，學校老師也一樣忐忑。當成績公布，總是幾家歡樂幾家愁。然而大家關注的焦點仍集中在有多少人考滿分？哪些人可以上第一志願？還有家長因無法進入前三志願而難過生氣，覺得孩子三年的努力都白費了！

依據台師大心測中心公布的資料，精熟程度A以上的，平均錯兩題就少一個＋，以北北基考區來說，前三志願大概就是二到六題的差別，以五科約二百題來看，也只是一％到三％的錯題率。除了少數天賦極高的孩子，這樣些微分數的差距，實在不能代表學生學習能力有多大差異，又何需這麼在意第幾志願的遺憾呢？甚至否定孩子的努力？說穿了，主要還是為了面子，為了那個「明星」高中的虛名！

實際上，無論是所謂的明星高中或社區高中，在新課綱之下，大家都在重新探索和調整，有些社區高中反而更能發展出學校的課程特色。只可惜努力的成果不容易在短時間內展現，也很難翻轉家長們對排名的既定印象。這種僵化的排名思維，讓適性揚才的教育理念不易落實，更是升學壓力難減的關鍵因素。

現今的大學入學管道多元，考招制度更能適性選才，只要能夠清楚自己的志向，鎖定擅長的學科領域認真學習，主動拓展自己的學習歷程，不管就讀哪個高中，都很有機會申請自己嚮往的大學科系。

會考成績只是國中階段學習成果的指標之一，更重要的是用什麼態度面對與規劃高中階段的學習？能不能積極探索自己的志向？如果過度執著於高中學校的排名，花三年專注在拼會考成績，只為了少錯幾題增加幾個+，卻侷限國中生探索自己的時間與空間，不利於高中階段的學習和未來發展，實非明智之舉啊！

給予時間和空間　培養孩子創造力

近日讀到葉丙成教授的文章，談到多數孩子到了中學階段就失去創造力和聯想力，主要是因為面臨課業和考試壓力，開始對時間斤斤計較。那些需要時間醞釀，卻未必會有成果的創意和想法，孩子變得不敢或不願意去做，漸漸的，那些能力就被封陳了。

的確，時間對於台灣的中學生來說，是最奢侈的東西，尤其在追求考試績效的前提下，那些與考試無關的學習活動，很容易就被排擠壓縮。然而除了時間之外，還有其他扼殺孩子創意的幫兇。

追求標準答案，不該犯錯的觀念，應該更是創造力的頭號殺手。幼兒園的小孩不管表達什麼，通常都會獲得肯定和鼓勵。進入小學後，開始有了教科書，有了考試分數，孩子漸漸知道大人很在意有沒有學會和答對？但至少還可接受一些天馬行空的想像。到了中學，由於那些在試卷上的錯誤代表著能力的評價，將影響後續的學習道路，孩子只好更嚴肅的看待。於是那些不在預期範圍內的想法，都必須被抹去或擱著。

此外，隨著年齡增長，孩子會發現越來越多被期待要遵守的標準，包括有形的規範或要求，以及無形的普世價值。他們也會察覺若表達不同意見，或不按牌理出牌，很可能要面對的是批判或嘲笑。於是孩子怕和別人不一樣，只好壓抑自己順著多數人的觀點和作法。

大家都認為創造力是孩子未來必須具備的能力，然而創造力的培養不能只侷限在藝術或創客等課程，或偶爾舉辦的變裝活動。還需要在多方面的課程中，給孩子更多開放性的問題，給試誤的空間，並建立包容和尊重差異的情境，創造更多的思考、討論與發表的機會。如此才能讓孩子更敢於與眾不同，持續累積創意能量。

輯二

鐵人聊教學

教學探索與實踐，當老師從來不簡單

作業的質與量　可更有彈性

朋友感慨地說，台灣的學生好辛苦，在學校上了七、八堂課，回到家還有一堆作業要做，若再加補習和才藝課，一整天的學習時間超過十二個小時，比上班族還累！從小就習慣了這種超時的學習型態，難怪出社會也習慣超時工作。

其實，對作業量的感受因人而異，同樣的作業量，有些孩子三兩下就解決，有些孩子卻得花幾倍的時間才能搞定，這些差異可能來自孩子的學習力、專注力，以及對學科的興趣。尤其隨著年級增長，學科量和難度都提高，學生完成作業的效率就差異更大，欠交作業的比例也增加，有些人到最後乾脆放棄不寫，整個學習態度也就每下愈況。

再者，過去的學習只重視知識累積或解題能力，因此作業形式多是大量抄寫和各種題型的練習；即便在活化教學的潮流下，有些老師會採用報告或創作等多元的作業型態，但基本的練習似乎也少不了，結果徒增學生的負擔，甚至家長也常要跟著忙！

適當的作業有助於提升學習成果，然而除了量的問題，作業的「質」更重要。既然作業是課堂學習的延伸，有些基本知識的確需要足夠的抄寫或演算練習，有些則需要透過探究與實作的過程來建構。作業形式和內容的安排，就應該更切合學習目的和能力培養，過度偏向哪一種都不利於學習。

既然每個孩子的能力不同，作業的量其實也可以因人而異。只要在符合學習目標的前提下，老師可以設定不同的作業標準和範圍，同時採用正向鼓勵的加分方式，讓孩子依據自己的條件和興趣選擇完成的目標。能力強的孩子可以挑戰更進階的作業，爭取更多獎勵；能力較差動作較慢的孩子，也不至於總是在缺交名單中。透過適性的作業安排，讓每個孩子學習為自己的作業負責，並有追求進步的動機。

夢想或理想　教育者的殘酷舞台

近一個多月來，多少準教師頂著炙熱的天候，抱著大大小小的教具，征戰各縣市的教師甄試，就為了搶那極為少數的公立學校正式教師名額。以今年開缺較多的新北市國中教師甄試為例，錄取率也只有百分之二。

受到少子化影響，有些縣市多年不開正式缺，每年都以代理教師來應付師資的需求，也導致許多老師只好年年代理，年年考教甄，只期待哪一年可以幸運搶到鐵飯碗。不少年輕師資的教學熱忱與理想，在這樣重複的期待和失望中，逐漸消磨殆盡，選擇放棄另謀他職；好不容易過關斬將的獲勝者，卻也可能發現在保守的現實環境中，要堅持理想和熱忱並不容易。

相較於公立學校教師缺額的搶手，私立學校的求才壓力就大多了。儘管辦學績效卓越、工作環境更好、薪資待遇更高於公校，只因少了公校的退休福利，以及相對較高的教學品質要求，就讓年輕老師卻步。康橋自辦學以來，一直對此現象感到無奈和些許不服氣，因此也努力營造更能發揮專業與熱忱的教學環境，希望讓更多懷抱理想的良禽擇木而棲。

所幸有越來越多優秀的師資加入康橋團隊，他們渴望保有投身教育的初衷，願意接受更多挑戰，承擔更多責任，並且和團隊一起專業成長。每次看到他們用心設計課程，耐心教導學生，真心對待家長，還要利用時間虛心提升專業，都讓我心中充滿感激和敬佩。

一位老師的專業與愛心，承擔著多少學生的未來。不管已有多少資歷，每次面對的都是不同的學生狀態，這本來就不是輕鬆的工作，豈能抱著求安逸的心態？我相信，因實踐專業而獲得的成就感，才能讓熱忱持續；也期待，有更多年輕師資能跳出公校代理教師的循環，找到更能實踐教育理想的私校舞台。

教師專業不在彰顯自己　在成就學生

一位任教近二十年的公立學校老師，煩惱著新學期是否要接實習老師？倒不是不願意分享和指導後輩，只是覺得教室裡多一個人看他上課有點壓力。問他實習老師在場有什麼差別嗎？他說有人看總是需要多做準備，免得漏氣！聽起來是人之常情，即便對自己的教學很有信心，有人來品頭論足時，總是會多一些壓力。

然而，教學的目的是要讓學生在有限的時間內，產生最好的學習效果，因此，老師教學的對象是學生，不管有沒有其他人在場觀摩，課堂中老師要關注的都應該是如何讓學生學得更好。如果擔心實習老師看出教學設計不夠精彩，或教學流程不夠順暢，那就表示教學專業還有精進的空間。若是如此，那又如何對學生的學習負責？

這些年教育界一直在鼓勵教師專業成長，除了行之有年的教學觀摩外，更希望建立教師共同備課、彼此觀課和議課等機制，讓老師們透過專業對話與學習，一起合作提升教學品質。我們經常發現多數老師都很樂於向別人學習，但願意敞開心胸分享教學，甚至開放觀課的老師相對較少。因為老師習慣在學生面前扮演「對」的角色，不希望自己的專業被別人指指點點，只是這樣的心態，對教學專業成長是非常不利的。

有趣的是，老師喜歡鼓勵學生主動發表和分享，希望同學積極學習別人的優點，老師當然也很清楚適度的評量才能診斷學習問題，提升學習成效。然而當遇到自己的專業成長時，卻往往成了被動消極的學生了。難怪有人說老師總愛評量別人，卻不喜歡被別人評量。

其實，任何提升教學專業的作為，目的都是為了充實學生的裡子，不該是為了自己的面子。看清這點，回歸初心，門檻就不難跨過了！

良木方能棲良禽

教育部最近首次公布了大學「編制外」教師和公立大學同職級教師的薪資對照，結果發現不僅私立大學編制外教師比例過高，許多私立大學編制外教師的薪資甚至不到同職級公立大學教師的一半。一位教授級專業技術人員薪資不到五萬元，還比不上稍有資歷的中小學教師，實在讓人對這些大學教授感到遺憾，也讓大家認清教育事業的營運現實！

大學聘用編制外教師的原因很多，但最主要的因素就是成本考量，尤其面對少子化的衝擊，招生狀況已不復以往盛況，減少人事成本一定是經營的必要手段。然而，低薪勢必難以留才，缺乏優質的教師，無論教學或研究品質也都難以提升，對招生就更不利，結果就是惡性循環。

其實降低人事成本不是只有減少薪資一途，審慎檢視市場需求和學校利基，適度整合和淘汰不具競爭力的科系，將有限資源做有效運用，強化特色科系，仍有機會帶來發展的新契機。在過去十幾年其實有不少類似的私立大學發展案例。

大學應具有開創性的本質，學校要發展不能只靠消極縮減預算，反而應該投入更多研究發展，實施更優質的教學，這需要優秀的人才和精良的設備。然而巧婦難為無米之炊，在學費長期凍漲的政策限制下，連資源充沛的頂尖大學薪資待遇都難以和國外優質大學競爭，一般私立大學想要有效提升教師待遇，更是難上加難！

優質的教育向來不是廉價的，政府若要整體提升品質，勢必要投入更多資源；政府財力既然難以全面顧及，就應當讓私校的收費和營運有更多彈性空間，只要做好相關配套和品質管控，其他就讓市場需求來決定吧！

落實分級適性　新課綱新挑戰

新課綱即將上路，高中數學領綱委員最近特別聯名發表了一封公開信，說明高中數學將發展出三軌的課程，目的是要讓學生依據其數理性向及大學科系選才需要，選擇適合自己的數學課程路徑。換句話說，從高二開始的必修數學課，人文學群性向的學生，可以選讀較淺易的數學課程；到了高三，商管學群學生又可以和自然組學生有不同數學課程選擇。

這是非常務實且理想的課程規劃，實際上，在國中階段開始，學生的數理能力就開始產生明顯差別。而在單一課程架構下，許多學習落後的學生坐在教室裡有如鴨子聽雷，不知老師所云；而資優學生又覺得挑戰性不足，上起課來也沒什麼勁。更常見許多中學老師，為了提升學生的升學考試能力，刻意將教學難度加深加廣，覺得教得難才算教得好，結果讓更多學生為了跟上進度而拼命往補習班跑！

康橋多年的辦學經驗發現，個別差異化教學是一個教育理想，雖然實施起來不太容易，但透過適當的課程和教學分級，確實能有效提升不同能力學生的學習成效。且不僅英文、數學、理化等學科可以實施，甚至連游泳，都可以採取分級教學。

實施分級教學要面對的現實問題，就是師資和空間的成本會大增，這也是許多公立學校亟待政府解決的問題。其次，家長對分級教學往往有偏差的認知，有些家長深怕落後於人，逼著孩子進入更高階的課程，甚至無視孩子的需求，要求學校給孩子升級，反而造成更多師生不必要的壓力。事實上，在二、三十年前就曾經將英文、數學的課程分級，最後家長都不願意自己的孩子上「實用」的課程而宣告失敗。

學習需要先有成就感，才會想要挑戰更難的關卡，期待在新課綱的設計下，看見更多學生選擇適性的課程，讓學習更有意義。

強化升學輔導師資　助孩子圓夢

大學入學考招制度有大幅的變革，規定各科系申請入學最多參採四科學測成績，許多科系只看三科以下，造成許多科系第一階段必須增額篩選，等於大幅降低第二階段的錄取率，可能有更多學生需要面對七月的指考，又讓許多家長氣得跳腳抗議！

此外，制度的改變也讓過去習慣的落點分析難以套用，不僅考生和家長不知如何選擇學校科系，連學校老師、補習業者都傷腦筋，因為無法給予學生較準確的建議，深怕失算了，會耽誤學生，也傷了名聲。

雖說新制度改變的理由具有理想性，希望藉由減少參採考科來降低學生的壓力，鼓勵學生找出專長志向才能適性發展。然而在改變的第一年，許多學生和家長還沒有來得及調整觀念與策略，甚至更多人根本還搞不清楚狀況，在無知和徬徨下反而帶來更多的壓力，這時大家會懷念原有的機制，就會讓改革遇到更多的阻力。

面對變革，若能從學校端獲得足夠的專業建議，相信能減少許多焦慮和疑惑，偏偏各學校的輔導人力明顯不足。每十二班只編制一位專任輔導教師，頂多做形式化的執行性向或興趣測驗，安排一些升學講座，難以給予學生個別化的諮詢輔導。加上這些輔導老師又是心理輔導專長出身，未必對升學制度和策略有深入了解研究，導致不少學生還得尋求補教業者的協助。哪天坊間出現國內升學代辦業務，恐怕也不意外。相較之下，國際學校對於升學輔導的人力編制就重視多了！

新課綱的理念是適性揚才，將來高中學習歷程也會成為升學重要參考，學校勢必要投入更多升學輔導師資，來協助學生做好生涯規劃的探索，並給予個別化的學習策略建議，才能幫助學生在高中三年獲得最有效的學習，圓升學的夢想。

投身教育　需要更積極的價值觀

餐廳裡一對年長夫婦和女兒一起用餐，席間聊到女兒前陣子考上了中部一所學校的正式教師，但因為學校位置有些偏遠，交通不利，且因為規模較小，新進教師都會被要求兼行政工作，什麼苦差事大概都逃不過。

看來這樣的工作條件，和這位年輕老師期待的教師生涯有不小差距，讓她非常苦惱，畢竟考了幾次教師甄試才獲得這個職缺，但要離開繁華台北，對從小沒離家獨自生活的她來說，顯然有不少壓力和恐懼。最後，父母大概也捨不得女兒離家吃苦，也勸她乾脆留在台北看看有沒有其他代課機會，等明年再拼北部學校。

這幾年職場選才的經驗，已不會對這樣的案例感到訝異，有的是更多的無奈和擔憂。無奈的是年輕人對於投入職場的渴望和責任感，及對於挫折和壓力的承受能力，似乎真的不如以往；憂的是以這樣的工作心態來從事教職，將來如何給學生正向積極的榜樣？要如何教導學生勇敢面對挫折與壓力？

教師這份工作的意義，不在於個人工作的完成，而在其所帶來的影響。老師在各種的教學活動中，不只將知識技能傳授給學生，其一言一行也同時傳遞了許多價值觀，多數時候，這些觀念想法會被默默的接收，逐漸累積成下一代的價值觀。也就是說，總是負面消極看待事物的老師，是不容易教育出正向積極的學生的。

有人說這是人的天性和整個社會環境演變的結果，但從教育角度來看，年輕一代的價值觀，是慢慢被引導和累積出來的，因此，老師的價值觀，才更顯得重要。

教師是職業，更是志業，政府和辦學者的確有責任提升教師的工作條件，然而，也期待有心想投入教職的年輕人，能對自己有更高的期許。

好老師 從來就不簡單

前陣子聽到教育人士感嘆當今師道不彰，教師的角色變得模糊，專業不被尊重，工作負擔和壓力不斷增加，福利待遇卻跟不上。於是能退休的搶著退，還無法退休的，只好委屈自己設法在夾縫中，找到一套賴以生存的模式，守著僅存的一點教育良知，繼續把該做的工作做完。

不難理解何以有這麼無奈的心態，現在的老師的確比以前辛苦多了。儘管教室裡的學生數少了一半，但要適應多變的教育制度和課程規劃、了解推陳出新的教材內容和教學科技、掌握隨社會變遷而調整的輔導管教規範，更要經常面對難以教化的學生和不理性的家長，甚至社會輿論的非專業批判。要在這種環境下，沒有高度熱忱還真難保有正向的工作態度。

儘管如此，每年從各種優良教師表揚、媒體報導的故事，以及許多學校夥伴的分享中，還是可以看到許多令人欽佩的教師，不僅全心投入提升自己的教學專業，還付出更多額外的時間和心血，只為了讓學生獲得更多，幫助孩子找到方向，成就孩子更好的發展。

其實，老師這個工作，從來就不是輕鬆簡單的，因為他們要將複雜的專業知識有效傳遞給懵懂無知的學生，還要不斷學習新知來確保自己的專業品質；這工作更不該是單純穩定的，因為他們每天面對的是擁有不同個性、資質、喜好、成長背景和未來理想的個體，要處理的是千變萬化，甚至超越自己專業的問題。

然而在授業和解惑之外，老師更重要的價值，是要引導學生探索方向，啟發未來，並且透過各種方式，帶給學生希望。要做到如此，老師只好收起消極悲觀的權利，讓自己累積更多正向能量。這很不容易，而這也是好老師值得我們尊重敬愛的地方。

活化教學　要掌握目的與評量

翻轉或活化教學是近幾年教育改革的一大趨勢，也是新課綱強調的重點之一，加上教學科技快速發展的助力，現在的教學現場已可見許多老師投入心力在教學活化上。教室內的上課氣氛變得更活潑，學習模式更多元，學生和老師的互動增加，與傳統的聽講型態有很大不同。

然而這樣的改變，是否真正有效提升學習效果？其實還存在許多不確定性。尤其最常聽到家長擔憂的是，學是學的很快樂，但考試的成績好像沒什麼明顯改變，甚至因為怕學的不夠扎實，放學後還是安排孩子進補習班再加強一下比較安心。

這種現象一直是教育改革難以突破的問題，原因之一是家長對學習的觀念尚未真正轉變，還是習慣以紙筆測驗來斷定孩子學習的成效。當考卷上的分數比其他人少一些，很容易就會對教學活化感到質疑。

有時問題來自活化教學的過程，老師雖努力設計各種創意的教學方法，讓學生進行體驗、探究、操作或發表，卻忽略了這些學習活動與該單元學習目的的關連性，學生忙了老半天，等面對作業或考題，才發現未必學到該學的知識和能力。

另一方面，學校老師在活化教學時，也可能忽略了選擇相對應的多元評量方式。例如讓學生進行了一段精彩的討論和思辨後，發下去的還是一份傳統的測驗卷，裡頭仍充滿著以記憶或演算為主的題目。當學生難以把課堂上的學習經驗立刻轉化成快速答題的技巧，就只好求助於傳統的精熟學習。

教學活化只是過程，必須扣合前端的學習目的與後端的多元評量。新課綱實施之後，老師必須花更多心力去掌握學習指標，才能讓教學活化更切合學習目的，並且選擇更適切的多元評量方式，讓活化教學達到預期的成效。

相互學習　共同提升班級經營能力

這些年來常看到老師抱怨現在學生越來越難帶，恐龍家長和直升機家長也多，讓老師在班級經營方面常力不從心，不知所措。有些乾脆放任不管，免得惹事，只想保住飯碗等退休。這不僅影響老師教學成效，也犧牲掉許多學生的學習權益。

當今的教育現場，親師生關係比過去複雜多了，老師已不能單靠著職務的權威來要求學生和家長，班級經營能力不僅是教師專業不可或缺的一環，有時甚至比具備教學專業更重要，因為在缺乏良好的學習氣氛和行為規範下，再厲害的教學專業也難以發揮效果。

班級經營專業雖然需要時間累積，但未必代表資深就必然有較佳的班級經營能力。有時新手老師的創意和熱忱可以彌補經驗的不足，資深老師卻也可能過度依賴成功經驗，而忽略了社會環境、政策法規、師生關係等因素的變化所產生的影響。因此，相互學習會是協助所有老師提升班級經營能力的最佳方式。

自從「學習共同體」引起大家的重視，這些年教師共同備課、議課、觀摩已相當普遍，但相互學習的主軸仍多在課程設計和教學方法上，對於班級經營、親師溝通或學生輔導方面的分享機會較少。學校其實可以透過特定研習活動，來增加老師班級經營實務交流的機會。

就如最近讓學校舉辦一場「班級經營企劃力競賽」，將導師分組設定不同主題，經過一段時間的討論醞釀，提出能具體執行的班級經營策略及作法，再針對企劃內容和簡報呈現來評比。儘管大多數老師沒什麼企劃的經驗，但透過討論、分享和激發創意的過程，相信老師們都能從中學到他人的功夫，也能讓自己的功力更精進。當每個老師的班級經營成效都好，相信學校整體的學習風氣自然會提升。

做好親師溝通　共助學生成長

受到疫情影響，這學期學校各類集會活動幾乎都停止或更改方式辦理。例如每學期初的班級親師會，多數學校改變形式，採用書面或數位管道溝通，畢竟維持良好的互動關係，對學生的學習發展才有良善的影響。

親師互動一直是學校教育重要的一項工作，只是相較於二、三十年前，近年家長參與學校教育的態度和方式已有很多改變，自然也產生許多新問題。有些家長積極主動想要協助學校老師，但卻關心過了頭，變成干預學校和老師的專業。有些則是完全信任學校，把教育責任都丟給老師，卻忽略了家長應有的配合，讓老師的教導難見成效。

最壞的狀況，就是所謂的恐龍家長，一切以自己孩子的需求利益為考量，只要不如其意，就嚴厲質疑批判老師或學校，不願理性溝通，甚至動輒訴諸媒體或訴訟，讓學校老師倍感壓力和無力。

面對各種型態的家長，做好親師溝通，往往成了現代老師最辛苦的挑戰。然而，無論家長的屬性為何，老師都應秉持教育專業，以理性和智慧來與家長互動，才能獲得家長的信任，進而發展良性的互動。若過度討好順應家長，反而會失去教師應守的教育專業，對學生造成負面影響。

聽到一位老師用「志同道合」來總結親師關係，深感認同。既然家長和老師應該是教育夥伴關係，雙方就需要有一致的理念和共同的目標。老師若能透過各種方法，不斷傳達其教育理念和原則，展現教育專業，耐心並細心處理學生的問題，讓家長充分感受到老師對每位學生的重視，看到學生的成長與改變，相信能獲得多數家長的認同，願意配合老師一起努力成就學生。至於少數不理性的家長，就盡力而為，然後給予祝福吧！

升學榜單不該是唯一的績效

大學申請入學榜單公告後，媒體慣例會報導全台各明星高中錄取頂尖大學或醫學科系的人數，因為這些升學成果總被拿來當作評價高中的重要指標。接著登場的國中教育會考，則有許多努力了三年，就為了拼進這些明星高中，期望三年後，自己也會是頂尖大學金榜中的一份子。

這潛規則已經運行了數十年，雖歷經多次教育改革，國際社會對未來人才需求的價值觀已不同，但這根深蒂固的傳統升學觀念，仍難以撼動。簡單來說，家長多半相信，進入升學率高的學校，孩子升學的競爭力才會高。

這樣的想法雖可理解，但過度用簡化的升學績效來判定高中的優劣，作為考生選填志願的主要（甚至唯一）考量，不僅阻礙學生多元適性發展，也是限制各國高中特色發展的枷鎖，尤其對一般社區型高中的辦學是非常不利的。

這幾年許多公私立高中為了生存，非常積極在創造學校的特色與價值，加上新課綱的鬆綁，正好也讓高中有更多元的發展空間。然而這些特色價值卻未必能在升學榜單的數字上顯現，許多老師的教學很精彩，學生的學習成果很豐富，都可能因為最後頂尖大學的錄取人數低，一切的努力都被抹煞。

實驗課 也是課程進度

今年國中教育會考自然科納入了十一題實驗題，更符應了新課綱對探究實作的重視，希望藉此引導教學的改變。

然近日媒體報導也點出實驗課程的落實仍有不少障礙，除了偏鄉學校實驗設備、實驗室管理人力的不足外，也提到新課綱減少了自然科授課節數，若遇到連續假期或學校活動影響，要做到新課綱規定的三分之一實驗課程難度很高。

加上實驗課程的準備耗時，實驗過程學生管理不易，有些老師寧願選擇在一般教室「講授實驗」的方式，評量的效果似乎也不差，以上種種都會是造成實驗教學未能好好落實的原因。

造成實驗教學落實的差異，除了學校資源條件影響，最主要的因素，應該還是老師對於實驗課程的態度，以及教學能力的轉化。新課綱雖減少授課時數，卻也減少了部分知識面的內容，老師需要提升的是將實驗與課程結合的能力，讓學生透過實驗過程，不只學會實驗的操作，也同時獲得知識的吸收。

此外，當課程受到假期或活動耽擱時，非得在課堂上「講過」才算上完的觀念，讓多數老師會選擇趕進度而放棄實驗課。然而這幾年的翻轉教育不斷強調，許多知識面的學習可以利用不同工具，不需在課堂上進行的。相較於學生可以自學的知識內容，需要器材設備和老師從旁指導的實驗課才應是優先選項。

過去不論是課程、教學、評量到師資養成，對於實驗教學的重視都不足，如今課綱和升學評量已經開始改變，教學觀念和教師專業的提升，都必須加緊腳步跟上，才能讓實驗教學真正落實。

學習跨領域　還可跨年齡

受到少子化和都市化影響，許多偏鄉小校學生生源短缺，有些學校教師甚至還比學生多，面臨學校存廢問題。對此難解之題，近幾年有學者借鏡國外經驗，提倡混齡教學。一方面彌補同儕學習和群育教育機會不足的問題，也有助於降低學校師資成本。只要法規適度放寬，並且補強教師對於混齡教學的專業，的確是可行之道。

混齡教學有其教育意涵與功能，在部分國家地區已實施多年且具成效。只是因國內教育體制、規模和課程架構有較大差異，不見得適合大量採用。然而當孩子離開學校，所處的工作或社交場域，面對的都是混齡的情境，不同年齡層之間的互動和學習才是常態。反觀傳統制式的學校教育裡，確實輕忽了異齡學習的重要性。

現行學校教育中，能提供異齡學習的機會多屬於社團性質的課程活動，且缺乏嚴謹的課程設計，異齡互動性質多於相互學習。前陣子聽了一些課程分享，發現學校只要能利用不同年段課程或活動的循環性，透過整體課程規劃，就能讓不同年齡學生依循共同主題課程，安排適當的異齡學習機會。

在老師的適度引導下，大小孩子透過言語互動、書信交流、學習觀摩或同儕教學等方式，可以產生許多和「老師教學生」不同的學習效果，對於孩子的情意教育和人格養成都有相當大的幫助，甚至在學科學習上也能發揮不錯成效。

新課綱強調跨域學習，除了跨學科領域外，異齡學習其實也可說是跨域的一種，這當中並非把不同年齡的孩子聚在一起做同一件事而已，需要設定學習目標，精心設計方法和流程，隨時觀察學生反應並調整作法，才能達到異齡學習的效果。

教育是要幫助孩子追求成功

十二年國教新課綱對教育現場帶來不小的衝擊，也是這兩年討論度極高的教育議題，支持者通常肯定其多元適性和重視素養的教育理想，反對者則多批判素養導向教學的可行性，認為新制度突顯社會資源分配不均，且加重升學壓力等問題。近日看到一位友人的分享，覺得新課綱的教育意義應該是要幫助每個孩子追求成功，在眾多質疑和爭論中，這觀點頗有讓人撥雲見日的感覺。

過去教育制度最為人詬病的，就是用同樣的課程、相同的評量、一致的標準，以便複製同樣的成功產品（學生），同時輕易的淘汰掉不合乎標準的產品。也因為這種根深蒂固的觀念，讓多次教育制度改革都難以達成。新課綱所強調的多元適性，其實就是回歸教育本質，尊重每個孩子的差異，盡可能讓他們用最適切的方式發展自己的長才。從這個角度看，的確就是協助每個孩子成功。

當然，成功的定義對每個孩子來說不盡相同，可以是追求課業上的高分或名校科系的榜單，在競賽中追求勝利，某些技能上追求突破，抑或是只想安穩平順的做自己喜歡的事情。無論如何，這些不同需求的成功，需要不同的學習情境去建構，就像龜兔本來就不該放在一起賽跑。

幾年前有本暢銷書《幫助每一個孩子成功》，作者強調學業成就並非「成功」的唯一指標；研究指出，恆毅力、熱情、自我覺察、自制等「非認知能力」，才是促使孩子願意自我超越的根本，得以成就孩子的未來。

因此，學校應該創造一個讓孩子喜歡、有歸屬感、有挑戰性卻能勝任的學習環境，鼓勵每個孩子能搭建自己的舞台，不一定求完美，但能追求最盡力的演出，應該就是幫助孩子邁向成功的最佳模式。

及時拉一把　當學生的貴人

在老同學聚會的場合，總會回憶著學生時代的各種酸甜苦辣，有些事情一說出來立刻引起大家的共鳴，有些則考驗著彼此的記性。有意思的是，那些當年的人事物中，能夠被多數同學長久放在心裡的老師，似乎就那麼幾個。

從彼此的回憶中發現，那些特別被學生記住的老師，通常有些特別之處。可能特別嚴厲，打起學生毫不留情；可能上課方式特別不同，總能夠吸引學生的注意力；或是特別關心學生，能適時給學生溫暖和鼓勵。而多數老師的諄諄教誨，大多都隨著時間流逝而淡忘了！

有朋友這麼形容他特別感念的老師，說那是他人生中遇到的第一個貴人，只因為老師的一句鼓勵，讓他發現自己的優點，重拾學習的動力！

我們的確不太會因為老師很會講課或解題而感念他，除非自己的學習困境因那位老師而獲得解救；我們也不會特別感謝老師的讚美或責罵，除非那對自己造成強烈且正向的影響。換句話說，這些被特別感念的老師，都曾在某個當下，成為學生需要的貴人。

所謂貴人，往往是在別人陷入困境或難關時，能拉人一把，扭轉頹勢，起死回生，助人向上。對學生來說，或許不會遭遇太極端的打擊，但也因為心智不成熟，歷練不夠多，較容易累積挫折和迷惑，因而失去信心和方向，此時老師適切的引導，或許耐心提點，或許嚴厲斥責，都可能幫助學生轉向。

要成為學生的貴人，有賴於老師平時對學生的關心，以及學生對老師的信賴。因為關心才能理解學生的問題和需要；因為信賴才會認同老師的指導和建議。相反的，師生之間缺乏足夠的理解和信賴，再多的提醒和說教，都難以產生效果。

積極面對後疫情教學時代

自新冠肺炎疫情快速蔓延後，雖然造成大規模的生命威脅，嚴重衝擊全球經濟發展，人類社會卻也在求生的意志下，激發出許多新的產業和生活型態，就連相對保守的學校教育，也不得不積極應變。

疫情對教育的衝擊，最直接的就是造成學校停課，當師生無法到校，傳統的教學模式完全派不上用場，遠距教學的需求自然而生。加上近年來活化教學的觀念盛行，傳統單向式的遠距教學已無法滿足，於是各種強調互動性的線上教學平台開始被廣泛使用，許多過去默默累積卻乏人問津的數位教學資源，也突然成了老師們的救命丹。

以往老師們面對這些新開發的數位教學技術和資源，許多是採取「謹慎保守」的態度，希望備而不用，就怕因不熟悉而壞了自己的教學效果，影響學生的評量成果。這次受到疫情所逼，全國老師不得已都被趕鴨子上架，硬著頭皮也得做線上教學。而在這些半公開的數位平台上，家長或學校主管將更容易掌握教學狀況，於是教師的教學能力、課程準備的投入程度都將赤裸裸的展現，這對許多老師來說，恐怕是從未意料到的情境。

這波教學變革雖因疫情而起，但後續發展和影響，恐怕不會因疫情趨緩而消減。儘管線上教學無法完全取代教室現場的實體教學，但這波衝擊和嘗試後，師生必然會感受到數位平台可以強化教學和提升學習的功能。相信這樣的甜頭會讓許多老師願意更投入，也讓學生家長更期待。換句話說，這趨勢必然持續下去，只是速度和規模的問題而已。

既然這樣的教學變革趨勢難以再拒絕，老師和家長不如坦然接受，並且用更積極的態度去了解、熟悉和善用，將阻力轉換為助力，迎接後疫情教學時代的來臨。

期許孩子找到最適合的舞台

投身辦學即將邁入第二十個年頭，回想過程中學校面對各種困境和挑戰，團隊總能不斷追求突破和精進，其中一大關鍵，應該就是堅持著創校之初定下的願景，要「培育具國際競爭力的社會菁英，許孩子一個美麗的未來」。

常有家長或同仁會問如何培育國際競爭力？如何定義社會菁英？或許每個人有不同的理解和期待，也會因時空環境而有些差異。或許這些概念不容易用簡短的文字去清楚描述，甚至很難有一致的共識。有意思的是，對此問題的思辨和討論，就是團隊在辦學中很重要的自我省思過程，能確保大家抱持著相近的教育理念和目標，才能讓學校持續穩健的發展。

至於美麗的未來，我們選擇「期許」而非給予。過往大人們常習慣以自身經驗或所謂的社會價值來框架孩子應該追求的未來，最直接的方式就是要他們追求升學競爭的勝利，以便謀取多數人心目中的好工作。當孩子脫離了這個框架，似乎就走向不美麗的未來。如今孩子面對的是快速變遷和多元發展的社會，實際上無人能預測或給予，甚至不該去界定每個孩子所想要的美麗未來。

即便對未來有著不同想像，但各種成就的過程終究存在著一些普遍原則，例如自我了解、勤奮積極、勇敢堅持、挫折容忍、溝通合作、關懷互助等等，其重要性甚至更勝於學科知識的累積，只是為了達到升學績效，這些原則往往被當作學校教育的附帶功能，甚至被忽略。

回顧過去，展望未來，欣慰的是團隊堅持的理念一直順應著當今教育趨勢的發展，也有越來越多家長和師長願意和我們一起同行，期許孩子找到最適合的舞台，累積強大的能量，勇敢追求自己的理想，成就自己的美麗未來。

感謝之餘 更需要理解

教師節前後，網路上總會看到各式各樣的教師節祝福，有來自學生或家長的，也有來自學校或政府的，當然也少不了企業商家，想搭著感恩回饋的心來振興一下經濟的！一直銘記著幾位老師在求學過程中給予的指導，投身教育事業、為人父母後，更深刻感受教育現場老師的辛苦，也真心感謝所有努力付出的老師！

在過去這一段時間的疫情肆虐下，全台老師也被迫「系統升級」，必須在最短的時間內學習新技術，找到新資源，將自己習慣已久的教室課堂教學，更新成陌生的線上教學模式。系統升級後勢必發現新的問題，產生新的需求，就算早已習慣使用數位教學，也少有這樣大規模長時間線上教學的經驗，突然間所有老師都成了新手上路，手忙腳亂、焦頭爛額，其壓力真的可怕。

其實把時間往前拉，會發現這些年學校教育導入許多教學革新，學習共同體、活化教學、探究實作、素養教學、跨領域教學等等，都不斷在考驗老師的教學知能，要求老師自我提升。只是過去有些老師選擇觀望，有些甚至抵抗，而這次大家沒得躲，只能跟上了。

然而，老師們的系統升級了，家長們也得配合升級。若還守著老觀念，用舊標準來檢視老師的教學，那許多老師的努力就會被忽略，用心會被誤解，理想會被質疑，成效自然很難（或來不及）被看見，漸漸的熱情也就會被磨滅，繼續精進的動力會流失，實為可惜。

身為孩子教育的合夥人，除了對老師表達感謝，家長更需要去理解。理解老師對教育的想法、教學設計的用意、班級經營的拿捏；還要理解環境制度的變化、現今教育的趨勢、孩子未來能力的需求。當老師獲得更多的理解認同，就會有更多的動力，與家長一起成就孩子的學習。

創造更多孩子展現的機會

朋友的小孩原本很喜歡說話，熱愛表演，雖然學業成績不算好，但總是充滿自信，還常說自己以後要當個有名的YouTuber。然而升上高年級後，他漸漸失去笑容，越來越安靜，常一個人悶悶不樂，甚至會莫名躲在房裡偷偷哭泣。

朋友原以為是課業壓力讓他負荷不了，或者是青春期的交友煩惱，經過幾次關心詢問，才知道孩子兩三年來每次爭取代表班級參加演講比賽和朗讀比賽，卻都沒有被選上。他自認演說能力不比其他人差，偏偏老師總把機會給了別人，漸漸的他覺得自己因為書讀不好，就被當成笨學生；因為愛表現，被認為是會不受控的學生，所以老師總是選那些成績好又聽話的學生。

朋友無奈的說，實際狀況是否如孩子所想他不得而知，也不好意思去找老師了解原因，怕被當作恐龍家長，只能鼓勵孩子不要氣餒，相信會有機會讓他展露才華。

類似的情形在學校裡並不少見，尤其那種班際比賽，師長們常為了「班級榮譽」，挑選他們覺得最強的學生出賽，於是怎麼挑都是那幾位固定的學生，幾次下來其他人也就懶得去爭取。有時還會產生月暈效應，覺得成績好的孩子其他能力一定也好，不自覺的總是推派心中的「好學生」，忽略其他學生的潛力和渴望。

學校是創造學習機會的場域，校內辦理各種競賽的重要目的之一，是要讓更多學生透過練習和參賽的過程，獲得學習和激勵。師長在安排人選時，除了勝負考量，不妨用更周全的機制，讓更多孩子有嘗試和表現的機會，當參與的學生越多，人才被發掘的機會就越多。班級榮譽只是一時的，但學生若因一次的參與而激發出潛能，卻可能影響其一生的成就。

以專業提供教育服務

隨著教育思潮的轉變，學校教育的觀念與型態也不斷在演進，學校的運作、親師生的關係，都更加重視學生和家長的需求。對於這種學校變成更像服務業的說法，有些人批評這是貶低教育專業，是師道的沉淪。

從投身教科書出版到興辦學校，對於學校教育的變化有深刻的感受，也認為學校教育要像服務業並不是自貶身價，相反的，卻可以是另一種專業的呈現。就像一家高級餐館，必定重視所有環節，透過嚴謹的管理和高度的自我要求，才能提供顧客最好的料理和服務。這樣的專業展現，並不會因其為服務業而被輕忽。

傳統的學校教育是生產導向的，學校有如工廠一般，專注生產出符合標準的產品，再透過層層篩檢，過濾淘汰掉不符合期待的瑕疵品。現今的教育主張尊重孩子的個別差異，學校應該要能創造適性學習的環境，提供多元發展的機會。換句話說，學校教育的專業要能關注並成就每個孩子，讓他們得以感受到學習的美好，進而努力學習，並且在離開學校之後，願意持續不斷學習。反之，老師教學能力再高，經驗再豐富，無法讓學生喜歡，不能激發學習動機，也是枉然。

學校教育目的之一是幫助學生學習成長，找到自己的未來志向，在自己擅長的領域追求更好的發展，並能為社會貢獻一己之力。因此，學校引進服務業的概念，並非是一味的討好學生，或無條件的配合家長，而是要基於教育原理原則，把學生當作學習主體，盡可能去滿足學生不同的學習需求。同時，學校要有明確、堅定且符應教育趨勢的辦學理念，才能讓教職員展現教育專業，提供最佳的教育服務。

師生解僵局　教學是一種溝通

最近一起高中課堂上師生言語衝突事件引發許多爭論，有些人認為老師的情緒管控和使用言詞不恰當，也有人批評學生不夠尊敬師長，也不該隨意將上課情形錄影公開。整起事件暫告一段落，透過短短的網路影片其實難以理解事件全盤脈絡，但有些問題卻值得教育人員思考。

校園中的師生衝突本來就很常見，尤其現在學生自我意識升高，民主社會的尊重或鼓勵個人意見表達的觀念也融入校園中，學生不再只會乖乖聽話，說一是一；他們對於不喜歡、不滿意、不理解的事物，會更主動提出意見，甚至反抗。當他們獲得同儕的共鳴時，就更容易堅定自己的想法，更敢衝撞既有的權力關係。當然這些衝撞未必有理，學生也不一定都能冷靜批判，但顯然較保守或高壓的師生互動模式，很難好好化解這樣的衝突，甚而讓關係更惡化。

換一個角度看，老師無論傳道、授業、解惑，都是與學生溝通的過程。良好的溝通不能只想單方面傳達訊息，或強迫對方無條件的接受自己的想法，必須要能理解對方的立場和期待，找到最能讓對方接受的方式、言詞、媒介、場合進行溝通。此外，溝通過程中也要能隨時觀察對方的反應，適時給予正向回饋或提出問題，最重要的是掌握溝通的核心（教學或輔導目標），減少情緒或其他因素對溝通的干擾。

至於尊師重道，也不該是被要求而做，而是讓學生發自內心才有意義。其實老師只要具備專業，認真教學，用心對待學生，公平處理學生事務，相信絕大多數學生都會尊敬和感恩，也不願意沒事找麻煩，刻意製造衝突。這不是要老師放低姿態討好學生，而是用專業與愛去包容和影響學生，這其實也是一種溝通。

提高圖書使用率 更勝增加館藏量

近日媒體一則報導，以教育部統計全國國中小學生平均擁書冊數，來對照各縣市的狀況，發現幾個相對富裕的縣市，學生平均擁書冊數卻多排名倒數，顯示這些縣市的教育資源的提升，並未跟上在地富裕化和生育率增加的速度。實際上，單純比較各縣市學生平均擁有圖書的冊數，並沒有太大意義，因為那些數字的背後，隱藏更多值得探討的閱讀教育問題。

舉例來說，圖書館的館藏管理其實是相當細緻複雜的，從選書、購書、編目、上架、借還書作業到定期盤點，要做好這些需要不少人力和時間，但各中小學圖書館編制多為非圖書館專業之教師兼任，實務上難以負荷龐大的館藏管理工作，在無法確實盤點的情況下，那些呈報出去的館藏冊數，恐怕有許多是帳面上保存多年，實際上卻不知去向，或者早已破損不堪。加上那些乏人問津的陳年老書，實際上堪用的書籍量還要再打折。

再者，各校圖書館藏情況會因規模大小和設校時間而不同。如新設學校需要時間累積館藏，學生平均擁書數勢必偏低，而這幾年的少子化影響，老學校甚至不用添購新書，平均冊數就會自然增加。

然而擁書量不代表閱讀量，依據教育部統計，國小生每年每人次平均借閱冊數不到兩本，所以並非擁書量不足，而是閱讀習慣養成的問題。有些學生喜歡借書，但也有很多學生很少走進圖書館。如今在網路和3C產品的誘惑下，想要提升學生課外閱讀的質與量，只會更加困難。學校推廣閱讀教育，已不能光靠積點給獎勵，必須整合課程，善用科技資源，找出更迎合學生需求的新招，才能提高學校館藏的使用率，否則藏書再多，恐將只會是擺設。

輯三

鐵人講政策

合理法律政策，讓教育長遠發展

務實與前瞻 讓幼教正常發展

上周台灣閱讀協會提出呼籲，認為注音是學習閱讀的重要工具，建議在幼兒園階段就要開始學注音，且政府應培養幼教師資教注音的能力，研擬適齡適性的注音符號教材教法。這是對現今幼兒教育規範，尤其是語言學習方面，提出新的的思考和批判。

現今的幼兒園教保準則及課綱規定，幼兒園實施課程要以統整方式進行，不能採分科方式和精熟為目的的讀寫算教學。然而實際運作時，這些規範不易界定，常被擴大解讀成什麼都不能教。主管機關進行相關督導時，不僅課程中不容看到類似的教學行為，就連相關的教材、教具都被當成洪水猛獸般，完全不應該出現。甚至像在抓現行犯一般，完全無視教室裡幼兒的存在，任意闖入拍照，簡直把幼兒園當犯罪場所，把幼教老師當現行犯看待。

多案例顯示，學會注音符號的認讀，不僅可以增加幼兒閱讀和探索環境的機會，也可以當做親子互動的題材。只要透過有趣的教學活動，提早接觸，拉長學習時間，反而更能讓孩子融入在語言學習的樂趣中，並且以正確的方式學習。實際上，就算幼兒園不能教注音，許多家長還是各自想辦法讓孩子學，結果反而會因錯誤的方法而折損孩子學習的興趣，傷害語言基礎。

不僅注音符號學習如此，英語學習更是。許多研究都顯示提早接觸多語言學習，並不影響孩子母語的學習，更可促進語言能力的發展，關鍵在於適當的環境和正確的方法。可惜政府不願積極面對，只是矇著眼禁止一切。

這是台灣幼教現場面臨的困境，政府對幼兒園家長的需求視而不見，加上一些陳舊且似是而非的觀念，讓幼兒階段的語言教育長期處在一種詭譎模糊的狀態，保守的政策限制幼教的發展，不合理的法規也讓大家難以適從，父權的心態讓一些公務人員橫行霸道。在缺乏更務實與前瞻的幼教制度下，許多亂象自然而生，更多的幼兒學習發展也就被耽誤掉了。

提供合理待遇 才有合適人才

最近美國紐約大學醫學院宣布，該校將全額支付所有醫學系學生的學費，且無論學生表現優劣或是否有經濟需求。這項創舉背後有著簡單卻讓人佩服的理由，該校不希望畢業生迫於經濟壓力，犧牲理想與熱情，爭相投入比較賺錢的醫療領域，結果改變了醫療生態，反而讓全民受害。

近年來台灣各醫學系也出現「內外婦兒」四大皆空的問題，只不過台灣此現象的原因不在於學生背負債務。根據研究，影響醫學生選擇專科的主要因素依序為：生活品質、臨床專業興趣以及醫療糾紛，相較之下，眼耳鼻喉、皮膚美容、牙科、復健等專科風險較低、壓力較小，自然容易受到青睞。

其實，國內各級學校師資同樣面臨人力失衡的現象，許多師培生最後未必願意選擇到學校任教，尤其是數理專才，企業界有更多發展機會，這也讓近年來優秀的中學數理科師資越來越難求。大學的優秀師資更是外移嚴重，國內僵化的師資待遇制度，難以和國外大學競爭。

此外，校內行政職務成了燙手山芋，一個月幾千元的津貼加給，不僅要處理許多繁雜瑣碎的公務，還常需要面對教師團體和家長團體的各種壓力，更讓許多老師避之唯恐不及。尤其是負責課程教學的教學組長及學生管理的生教組長，工作壓力特別大，更是難求。

人力市場講求供需平衡，越是搶手的人才需要越好的待遇條件，現行公務機關或學校的薪資制度，常只看重職務表面的公平性，容易忽略人才的專業差異和市場需求。政府若想要解決這類專業人才的供需問題，勢必要有更合理、務實和彈性的待遇機制，否則只能眼巴巴的看著人才繼續流失。

開放外籍教師 搶誰的飯碗？

近期國發會正研擬「新經濟移民法」草案，打算放寬中小學聘用外師教授所有科目，對此國內教師工會和教育產業工會都表示不贊同，也有民眾投書表達反對和疑慮。反對者多認為國內少子化已讓教師員額不足，加上年金改革制度又延緩教師退休，再開放外籍教師來台搶飯碗，將嚴重影響年輕教師的工作權益。也有人質疑外籍教師的教學專業和方式，未必能符合國內課程需要？甚至影響學生學習效果，不宜輕易開放。

這些反對論點的假設是外籍教師將可能取代原有國內教師的職務工作，然而從實務面來看，這卻不太可能發生。實際上，會需要由外籍教師來任教的科目，多是國內教師難以勝任的教學方式或課程，例如用全英語授課的國際學校課程，或者需國際認證師資的ＩＢ課程。換言之，是國內師資無法符合那些新課程的教學需要，而不是找外籍教師來搶國內師資的位子。

十幾年來的辦學經驗得知，外籍教師的聘任、管理、考核和培訓需要和國內經驗不同，對學校經營者來說都非易事，加上薪資成本又高，若非需要，一般學校豈會願意增加麻煩？再從積極面來看，許多外籍教師的專業和態度，值得國內教師學習和參考，若能夠讓中外籍教師有更多合作和交流，對本國老師的專業成長也有助益，比去國外參訪幾天的學習更有效果。

教育國際化是必然的發展趨勢，也是政府和民間都想努力的方向，然而許多過時和保守的法令卻阻礙發展需要。所幸政府逐漸重視這些問題，願意更務實的修正政策和法規，包括最近行政院長提出鬆綁幼兒階段的英語學習的政策也是一例。至於對國內師資工作權益的保障，即便有些微影響，也不該成為限制發展的理由。

實驗教育 不一定要小而美

據報導，自從一〇三年通過實驗教育三法之後，這四年來參與實驗教育的學生數從五千多人增加到一萬三千多人，雖然占總學生數比例不高，但成長的速度確實很快。這當中不只是民間投入實驗教育，不少公立學校也為了發展而轉型辦理實驗學校，且獲得家長高度青睞，台北市和平實驗小學的熱門程度就是一例。

實驗教育的存在，往往反映著體制教育的問題或不足，讓家長不得已只好選擇走另一條路。過去因為缺乏相關配套措施和法律規範，政府對實驗教育的態度甚至不太友善，民間辦理實驗教育的家長或單位遇到許多限制和困難，對參與實驗教育的師生權益也較缺乏保障。如今政府不僅立法，還一起效法，顯見政府終於明確感受到這股需求。

政府辦理實驗教育的原因通常有二，多數是為了挽救瀕臨生存危機的學校，希望藉由不同的學校型態來吸引家長；少數是為了突破現有課程規範，實踐創新的教學理念而設。無論是哪一種，都有共同的基本概念，就是「原有的課程制度必須被更大幅度的調整，才能創造出更符合家長期待，或更理想的學習環境」。

這些實驗教育的作法，雖被認定是「應該正確」的方向，只是不確定效果如何，所以先採取「實驗」方式，以小規模實施。那麼假設實驗效果非常好，是否應該擴大「受益」的學生？然而以現行法規對學校型態實驗教育規模的限制來看，無論實驗教育成效如何成功，都無法「繼續擴大」辦理。這或許基於保護受教權，但對教育創新來說也是一種束縛。

其實在資訊公開的時代，政府可以用更開放的態度，只要做好品質的監督，讓實驗方向不致走偏，對於成效良好的實驗教育，應該是樂觀其「成長」才對！

私校政策　興利應重於防弊

最近全國私校文教協會頒發了第二屆的十大傑出校長，包含康橋青山校區的許校長，共有十位優秀校長獲獎，他們都是長期在學校經營盡心盡力，以教育專業領導校務發展的典範。回想十七年來的辦學過程，歷經許多酸甜苦辣，也充分感受私人興學的辛苦和限制，更對這些校長長期的奮鬥精神敬佩不已。

過去台灣的私校發展政策，主要是希望透過鼓勵私人興學，彌補政府教育資源的不足。政府對私校管理制度的設計，是建立在公立學校的經營模式上，再加上更多防弊措施，也因此私校除了學費較高以外，與公立學校不容易營造出太大差異，導致在整個社會價值觀中，私校多淪為次要的選擇。如今面臨少子化的問題，無法發展特色的私校就首當其衝，讓私校經營雪上加霜。

近年在民間的積極爭取下，法規上雖給了私校多一些彈性，但相對於私校資源的需求和其他法令的限制，這些空間還是非常不足，尤其每年爭論的學費限制，就是私校最大的緊箍咒。

即便部分法令已經調整開放，實務上許多公務單位卻未必跟得上腳步，仍以舊思維在面對新辦學需求，經常以更保守的態度限縮法令的解釋，以防小人的心態來處理問題。這種防弊重於興利，甚至為了保護公校而限制私校發展的態度，對許多想要發展特色的私校來說，無疑是一大障礙。私校和公校都是在教育下一代，政府除消極加強私校品質管控之外，讓私校能有更多良性發展的空間，以營造更優質的學習環境，甚至帶動整體教育的創新發展，更應該是政府要秉持的態度。

教師法重在保障學習權益

最近教師法的修法爭議，似乎又變成一場教師和家長的權益角力，原有些共識的修法目的，遇到實際權益的消長，就變成難以妥協的問題。目前看來關於限期升等、寒暑假規定、兼行政職等規範，暫時不會列入討論，連大家最在意的不適任教師淘汰問題，對於教評會中教師代表比例也難凝聚共識。修法過程中總有許多爭辯，不過有些看似在爭取教師權益保障，無形中卻可能傷害教師的專業與尊嚴。

教師既然視為專業，就應有符合專業的稽核與淘汰制度。有家長這麼說，當我們不滿意律師、醫師或會計師等角色的專業表現時，可選擇「換人」，但學生和家長面對不夠專業或缺乏熱情的老師，往往只能忍受。正因如此，教師應用更高標準來看待自身和同僚的專業表現。遺憾的是，過度法令保護、繁複輔導過程和同僚間的人情包袱，都增加淘汰不適任教師的難度。

教師是一種具有特殊影響力的職業，其功能不只在於課堂上的教學，或是學期課程的執行，更是因為老師的一句話、一個舉動，都可能對學生造成深遠的影響。當我們漠視一個教師的專業問題，代表的是我們漠視幾十個學生，甚至幾百個學生的學習權益，以及他們的未來發展問題。

其實，真正關鍵並不在教評會中的教師代表比例，而在於學校教職員抱持什麼立場在面對不適任教師問題。教師是為了學生而存在，因此教師法對於教師專業的規範，不能只從教師工作權益著眼，應該更著重於學生學習的權益。我們應該用正面的態度看待修法，淘汰不適任教師，除了保障學生權益，更是肯定多數教師對專業和熱忱的堅持，讓更多好老師獲得該有的尊重。

把關師資素質 不應有城鄉差距

進入考季，除了學生要考試外，各縣市教師甄試也陸續展開，無論是想轉換任職學校的正式教師、想尋求安定職位的代理代課教師、或只是想爭取一個工作機會的流浪教師，這段時間也在各自的競爭戰場上努力著。

這幾年的教師甄選，都市裡的明星學校常可見一兩百人爭取一兩個名額的激烈戰況，學校挑選的標準也高；而那些環境條件較差的學校卻常乏人問津，甚至只求有人願意來就好。這種市場競爭機制，發生在一般企業選才相當合理，但套用在學校體制中卻很危險，因為無論是都市或偏鄉的孩子，理應擁有相同的受教品質才對。

這幾年公立學校的教師聘用還有一種怪象，明明需要老師，卻不願意聘用正式教師，寧可增加代理教師名額。除了因為面臨少子化可能減班，想避免處理教師超額的問題外，也可能因應徵的教師素質不如預期，選擇聘用代理教師，可以降低處理不適任教師的風險。這樣的作法，只考量學校管理的便利性，以減少行政上的困擾，但同樣是把學生的受教權遺忘在一旁。

教師的專業和熱忱，直接影響學生的學習和成長，且影響非常深遠。政府應該更強勢的主導公校師資任用，越是資源不足的地方，越需要增加誘因吸引優質和熱心的師資，給予學生更多的關懷教導；都市裡的學校，也應限縮代理教師的任用名額，讓老師教的安心。甚至可參考其他國家的作法，在鄰近縣市範圍內，實施強制輪調制度，以平衡城鄉師資素質。

當然，聘好老師只是開端，後續的教師專業成長、教學品質的把關、不良師資的淘汰，也需要有更高標準的要求和務實的賞罰配套，才能讓好老師安心教學，讓學生開心學習。

學生服儀怎麼管　讓學校決定

多年前教育部順應民主開放的潮流，解除了髮禁和高中階段的服儀規定，最近教育部也擬對國中制服解禁，讓國中生也能參與學校服儀規範的制定，學校也將不能因服儀違規而懲處學生。

校園內的民主開放程度，每個人的感受和需求不同，總是會有贊同和反對的聲音，從民主的角度來看，在制度上提供彈性，讓大家有機會針對這些議題，多些討論溝通，是值得肯定的作法。只不過，對於過去較缺乏民主教育訓練的社會，往往對限制有偏見，或者對開放過度解釋，因而無法拿捏適當的尺度，造成反效果。

在學校教育中，生活教育是很重要的一環，國民教育法中也明定，國中小課程要以「國民生活教育為中心，學生身心健全發展為目標」，那麼適當且合乎基本禮儀的服裝儀容，應該是生活教育中不可缺的部分。相較於便服的多變性，制服是較容易讓學校引導學生學習合宜穿著的媒介。或許學生少了些選擇的自由，但仍可以透過其他方式，利用其他場合活動，來提供學生自主性的學習機會。

學習要有效果，通常需要一些規範和限制，只要規範適度合理，都是可以接受的。各種制度都可能有正反影響，應該客觀的討論，減少意識型態的干擾，更不需要無限上綱可能的負面影響。

讓學生參與學校制度決策是民主教育的一種表現，但辦學責任仍在教學團隊，尤其私立學校的特色建立，源自於辦學者的理念，以及家長的需求和期待。開放的政策應包含多元的概念，避免又走向單一的意識型態。服儀這件事和體罰不同，怎麼管？管到哪？只要家長學生能接受，不妨讓學校有更大的空間去制定規範。

雙語教育的想像和現實

自二〇一一年教育部公布了「中小學國際教育白皮書」，行政院也提出雙語國家的發展目標，國際教育和雙語教育成了這幾年中央和地方政府的重要教育政策，從政府、學校到坊間教育機構，的確形成一股國際教育熱潮。

過往政府為了推動雙語教育，因著重在英語學習的層面，除了增加英語課程節數，也開放中小學聘用合格外籍教師，以期能創造「用英語學習英語」的環境。如今政府也意識到雙語教育的精神，不該只是學英文，還要能將英文當做學習的語言，因此在政策上推出希望中小學部分學科也能採用英語教學。

然而，以過去台灣的英語師資培育來看，現有的英文師資或者其他學科師資，是明顯不足以因應這樣的政策理想。雖然現在年輕教師的基本英文溝通能力不差，但要能夠「流利的」使用英文教學，卻完全是另一回事。即便透過在職培訓，短時間要提升到足夠的英語授課能力也非易事。最快的方法，就是引進可以使用英文任教學科的外籍教師，只不過目前法規對此有所限制，必須先修法才能突破。

其次，依據多年的雙語教育的辦學經驗，學生要能使用英語學習學科知識，本身必須具備足夠的英語能力，否則在全英文的情境下，容易產生學習挫折，結果該學的知識內容沒學到，還可能因此對英文產生排斥或恐懼。而常態編班機制下，學生英文程度參差不齊，更增加用英文教授學科的難度。也就是說，若無法先採英文分級授課，用英文教授學科恐會淪為「體驗式」的課程。

今年底教育部又將公布「中小學國際教育白皮書二・〇」，我們很樂見政府積極推動國際教育和雙語教學，但需要對教學現場有更確實的理解，才能更務實的制定政策，並且有效解決問題。

以專業務實面對幼兒雙語教育

在雙語國家的政策方針下，這兩年政府積極推動各種雙語教育措施，同時也啟動相關法規修訂，近日也傳出可能鬆綁幼教法限制英語教學的相關法條，引起許多反對聲浪。

從家長的角度來看，幼兒雙語教育需求一直高度存在，然而幼教學者多認為幼兒學習雙語會干擾母語的學習，且不利幼兒身心發展。長久以來這些爭議都無法被有效討論和辯證，仍多是各持己見，也因此幼教市場產生許多模糊地帶。

雙語教育不單只是第二語言的學習，也涵蓋使用雙語進行學習。而現行「幼兒園教保服務實施準則」規定幼兒園不得進行全日、半日或分科外語教學，其限制的是將英語作為單一學習科目，並未禁止在雙語環境下進行適切的幼兒教育。實務上，只要課程、師資和環境規劃得當，採用雙語進行幼兒主題統整教學，並不影響幼兒學習發展，反而讓幼兒在自然的情境中學會使用兩種語言。至於影響母語學習成效的因素複雜，恐怕不能直接歸咎於雙語教學。

國內「幼兒教保活動課程大綱」中，也明訂了多元文化相關學習的指標，雙語教育絕對是有助於多元文化學習的利基。然而要提供適切的幼兒園雙語統整教學，具備雙語能力及幼教專業的師資才是關鍵。政府若可比照中小學外籍師資聘任規定，允許大學以上學歷，具備他國合格幼教師資及幼教經驗者在國內幼兒園任教，如此同樣在不得進行單科英文學習的規範下，幼兒園仍可聘用較合格的外籍師資進行雙語環境的統整課程。

與其用無法滿足家長需求的幼教法規限制，讓錯誤的雙語學習充斥幼教市場，不如用更務實和專業的角度修訂法規，引導家長選擇正確與適當的幼兒雙語學習環境，更有助於雙語教育發展。

雙語教育　衡業績別忘品質

為了符應政府二〇三〇雙語國家政策，近年來中央和地方政府都很積極提出各種雙語教育計畫，投入大量經費，從小學到大學，從課程教學到師資培育，想盡辦法要和雙語連結。

不同於以往增加英語學習時數的作法，這次的雙語教育更看重在「用英語學習」，例如在不少公立中小學掛上雙語課程實驗學校的招牌，要用英語來教授部分學科；新北市政府也推出技術型高中雙語實驗計畫，要將技職教育雙語化；教育部更是砸下二十五億，要在四十所大學推動全英語教育，目標八成英文課採全英語授課，且至少一成大二、碩一學生修習兩門以上全英語課程。看起來政策如火如荼展開，但實務上仍面臨很大挑戰。

首先，面對這樣龐大的英語授課需求，師資是第一大關卡，政府也早在幾年前開始進行相關師培，除了現職教師的進修研習，也在師培機構開設雙語教學相關學程。這種有點趕鴨子上架的雙語師資養成，或許是短期內較能滿足數量的方式，但實際效果卻有待觀察，畢竟平常許多學科老師用中文教學都不見得輕鬆了，更何況要用自己不熟悉的語言，除了要花更多時間準備，課堂上的學生互動或不預期的問題，都考驗著老師的雙語能力，也影響課堂教學的成效。

另一個更難突破的困境，是學生英語程度的問題，包括學生具備的英語聽說讀寫能力是否足夠？老師如何面對班級中學生英文能力的落差？若遷就學生英語能力不足而簡化雙語教學的課程難度，恐怕影響原有學科的學習目的，到頭來可能就成了體驗式或點綴式的雙語教學。看似滿足了政策的量化需求，卻無法發揮實質雙語教育的效果。

在全球化的時代，推動雙語教育是有其必要的，但語言的學習和應用，對整體學習的影響甚鉅。政府在衡量化目標之前，應該有更周延務實的規劃，以免顧了政府的面子，卻失了學生的裡子。

改革也需要歷程

自一〇八課綱實施後，學習歷程檔案這件事可說成了最受關注的高中議題，許多高中都用盡心思幫助學生累積「亮麗」的學習歷程，從學生入學開始就不斷耳提面命強調學習歷程檔案對升學的重要性，而補習班更推波助瀾，讓人感受到一切以學習歷程為重的詭異氛圍。

當學校督促著學生準備符合大學教授期待的學習歷程檔案時，近期有媒體調查卻發現，大學教授最痛恨高中生的書審資料浮誇造假，加上坊間各種代筆和客製學習歷程的廣告，更讓教授們難以信任那些資料的真實性，更不諱言選才時寧可相信測驗成績。

會出現這種相互矛盾的現象其實並不意外，卻令人憂心。不意外的是如過往許多教育改革的美意，一旦牽涉到升學目的，很容易就走了味變了調；憂心的是這次考招制度同步變革而被賦予高度期待的教改，會不會又因為難敵升學主義的魔咒而走回頭路？

新課綱設計學習歷程檔案的原意，是要高中學生在學期間可以定期記錄、整理自己的學習表現。同時在整理檔案的過程中，能思考自己的興趣志向，進而選擇適合自己的升學方向。這種探索對生涯規劃本來就很重要，作為升學的條件只是附帶的功能，若因升學主義影響讓制度產生弊病，應該設法去改善修正制度，而不是因噎廢食捨棄應有的理想。

任何制度都不會完美無破綻，為了榜單想走捷徑也是人之常情，但教導學生立定志向，誠實展現自己的成果，是學校教育的責任。實際上，看到許多高中師長秉持教育理念，循循善誘，勇於把關；也有許多大學教授能發揮智慧，明辨真假，樂見改革帶來的選才優點。

這改革剛起步，勢必跌跌撞撞，但只要目標明確，相信能越走越穩，受益的孩子也會越多！

有學習的歷程才有價值

前陣子教育部的高中學習歷程檔案系統因人為操作不當，造成資料遺失的嚴重事件，引起軒然大波，教育部雖緊急採取補救措施，部長也公開致歉，但許多家長和學生仍心存疑慮，畢竟攸關學生將來申請大學的權益。那些原本就認為制度不公，持反對意見的人，也藉此再度呼籲廢除學習歷程制度。

與友人談到此事件，他提出一個有趣的觀點，從「學習歷程檔案」這個制度提出到實際上路以來，大家關注的多半是制度對升學的影響，學生家長想要豐富漂亮的歷程檔案，學校盡力開設多元選修課，積極鼓勵學生參與各種競賽活動，補習班也打出各種「製作學習歷程」的課程，這一切的重點似乎都在最後的「檔案」，至於歷程中的「學習」這件事，反而不太重要了！

的確，教育部設計學習歷程檔案制度，是希望學生在學期間可定期記錄整理自己的學習表現。同時在整理學習歷程檔案的過程中，引導學生思考自己興趣取向，這對未來生涯規劃很有幫助，並非只是為了升學。這不僅符應新課綱強調的「適性揚才，終身學習」，也順應當今教育思潮。

學習歷程檔案的真正價值，在於學生對整個歷程的投入和回饋，學習如何計畫和選擇？如何記錄與整理？如何檢討及反思？經由這些過程，逐漸釐清自己的志向，設定未來目標。這個目標短期是大學科系的選擇，長期更是職涯發展的方向，其重要性應該毋庸置疑。

不能否認學習歷程檔案對升學的重要性，但有學習歷程才有價值，大家都願意認同其理想，就會設法改善缺失，為學生帶來學習價值。反之，若只為了升學目的，這個歷程就容易變成虛浮裝飾，失去價值。

提早探索打造務實的學習歷程

再過幾個月就是新課綱第一屆高中生申請大學的重要時刻，也是「學習歷程檔案」制度實施後，學生第一次將成果正式端上台面。大家都很關心大學教授們會如何看待這些學生累積兩年半的歷程？對申請科系有多大助益？因為那不僅影響這屆高三生的升學，也牽動著以後各高中對學習歷程檔案的評價和重視程度。

這兩年來，質疑和反對學習歷程檔案的聲音一直不斷，最近也有媒體報導，不少高中生抱怨花了大量時間做檔案，還是對未來方向感到迷惘，覺得學習歷程無助於生涯探索。很多學生上高中時還搞不清楚自己想要讀什麼，只好盲目選修跟大學熱門科系相關的科目，跟著做流行的小論文題目，或參加覺得有價值的社團或營隊活動，只為了讓學習歷程更豐富好看。

學生的抱怨是可以理解的，但卻不能全歸咎於學習歷程檔案制度。其中一個關鍵問題就是，「高中才開始探索自己太晚了！」高中課程難度提高，面對大考的時間壓力更大，很難有充裕的時間和心力去多方嘗試和調整，尤其高一還在適應新環境新課程，除非自己原來就有想法，否則多數都是別人說什麼就做什麼。

高中學習歷程檔案的功能，主要是幫助學生記錄並檢視自己的學習，是否符合未來發展的志向？前提是學生對自己的志向已有初步的想法。因此，「探索志向」應該在國中階段或更早之前就要開始。可惜的是，多數國中生花三年的時間埋首在課本、參考書和試卷中，一心想的是如何在會考獲得更高分，自然無心也無機會好好去探索自己。

學習歷程檔案政策方向是對的，除了檢討實施的細節問題，還需要大家重視中小學階段的生涯探索，提供多元課程與活動給學生試探，才能打造務實有效的高中學習歷程。

提高避險能力　減少溺水意外

台灣疫情趨緩，又正值暑假，許多人迫不及待前往海邊、溪中戲水，一方面驅走酷夏的炎熱，同時解放被疫情壓抑已久的心靈。然而，近日也發生多起溺水意外事件，奪走寶貴生命。每每看到此類新聞，除了感到不捨，更覺得政府和教育單位應該還可以多做些什麼，來降低悲劇的發生。

這些溺水事件的原因，主要就是不諳水性和過度自信，即使岸邊立有各種警告標示，戲水民眾仍會覺得看起來很安全，就輕忽開放水域的潛藏風險，一旦發生意外，也因缺乏自救或救人能力，增加遇難的風險。

政府除了加強宣導外，還可以增加急救設施來降低傷害。好比近幾年「台灣野外地區緊急救護協會」努力在每個高山山屋中放置高海拔加壓艙，就是一種減低高山症危害生命的有效方式。因此，若能在那些熱門的戲水場域，在岸邊多設置救生圈和ＡＥＤ等急救設施，應能提高意外發生後的救援機會。

當然，最好能從源頭去預防和避免危險，採取更積極主動的避險教育。學校除了一般的游泳課程外，也應納入水中自救、基本救生的學習，即便技術無法純熟，但多一份了解和練習，就能降低一些風險。

實際上，這樣的學習很難在學校中落實，還需要結合社會教育的資源，例如獎勵補助各公民營游泳池開設相關課程，讓學生利用假期上課，並列為必要的學習項目。若能在防災教育場所建置類似開放水域的環境，提供相關的水域體驗與自救課程，相信效果會更顯著。

台灣有豐富的天然資源，政府的開放山林政策，也鼓勵民眾多接觸這些好山好水，於此同時，也需要民眾提高對野外環境風險的了解，做好預防措施，增加應變能力，才能更安全與自在的體驗自然之美。

公私校良性競爭　爭取家長認同

日前媒體報導台灣學生就讀私立國中的比率逐年攀升，到去年占比已上揚到一成五，令不少校長憂心。認為私校若不同步減招，未來恐出現「公私翻轉」現象，不僅衝擊公校發展，學生社經地位組成將更兩極化，也不利教育現場多元性。見此論述，實感慨部分公立學校面對少子化的趨勢下，尚未做好如何提升教學品質，爭取學生及家長認同的準備。

公私立學校都有生源不足的壓力，公校在政府經費保障之下，不用考量營運成本，得以不斷降低班級人數。相較之下，私校面臨更大的生存壓力，必須更努力的提升辦學特色與經營績效，來取得家長的信任與支持。與其壓縮私校來維持公校生存，公校更應從校務經營與提升品質著手，讓家長有更多的選擇，藉此提升學生受教品質的保障。

一所學校要贏得家長信賴與選擇，大體上可以從四大面向著手：

一、辦學理念與經驗：要以學生為中心，一切作為是為了成就師生的教與學，並落實全人教育的理念，結合有經驗的行政領導，使學校運作走在穩健的軌道上，贏得家長認同的口碑。

二、環境設施：學校可以有歷史，但不可陳舊，硬體設施要妥善維護整修，在使用上令學生操作如新，安全上令家長放心。

三、課程規劃及執行力：契合教育改革的主流思潮並配搭的執行人力、能力，使課程規劃及執行能落實學校辦學願景的實踐。

四、學校氛圍：行政與教師同心合意；家長與教師彼此信任、溝通無礙；教師與學生能尊重彼此同理；學生與學生間能友善扶持。

無論公私立學校，能做到上述面向的要求，就是良心辦學，在良性競爭下共同提升辦學品質，都在造福莘莘學子，至於家長抉擇公立或私立，就尊重家長的需求與決定吧！

輯四

鐵人看教養

良好親子教育，改變孩子未來

少插手　孩子學更多

朋友分享了一段故事，他上網幫孩子買了DIY置物櫃，孩子興奮地說要自己組合，他心想讓孩子體驗一下手作也不錯，便欣然同意。只見孩子開始動手後就出現狀況，一下子木板方向不對，一下子螺絲孔對不上，甚至還怪說明書不清楚，漸漸失去耐性。朋友原本試著指導孩子，身旁的太太忽然冒出一句：「你平常不都鼓勵人家放手讓孩子自己嘗試錯誤嗎？」讓他趕緊閉嘴收手。

後來看孩子耐著性子完成組裝，朋友反而暗自慚愧，因為他差點就奪走孩子一次難得的學習機會，只因為擔心孩子做錯了得重來，或者怕弄壞板材和螺絲孔。仔細想想，幾百元的東西，就算過程錯了、結果壞了，能讓孩子從中發現問題並解決，還是很划算的！只是當下要忍住出手相助的衝動，是有些許掙扎的。

其實，這是許多現代父母的通病，一方面抱怨孩子沒什麼生活技能，另一方面卻又怕孩子失敗、受傷、浪費時間，就把許多孩子可以嘗試動手做的機會都拿走了。結果孩子學了一堆的物理知識，卻可能不知該如何拿掃把掃地比較省力？或者可以輕易回答植物圖片上的部位名稱，卻從沒親手削果皮切水果。

以往過度強調知識理論的應試教育，根本難以學以致用，就算考題生活化，也還是紙上談兵，不切實際，難怪學生總會質疑學那麼多有什麼用？

十二年國教新課綱的素養教育，重視的就是要能運用所學知識解決生活上的問題。然而要學習解決問題，先要有機會實際面對問題，透過不斷的試誤修正，讓經驗轉換成可用的知識基礎，才能從中找到解決問題的方法。

暑假期間，不妨就讓孩子多些動手的機會，做家事也好，玩手作也行，過程中家長學會忍耐，插手越少，孩子就會得到越多！

放手不難　但需要點時間練習

暑假到了尾聲，學生和家長都要開始收心，迎接新的學期。特別是那些準備出遠門上大學的孩子，多半也開始為新的學習和生活環境做準備，此時可以看到不少家長們感受孩子必須長時間離開身邊的不安、不捨與不情願，就算知道孩子應該要獨立，但要真正放手其實並不容易。

回想幾年前送孩子出國讀書，一開始同樣有著為人父母的掛心，但因為從小就利用各種機會教育讓孩子學習自己面對問題，處理問題，加上學校的各種活動訓練，知道孩子已累積足夠獨立自主的能力，所以很放心的讓孩子勇敢去飛。

相較之下，許多父母一直習慣呵護著孩子長大，總是幫忙打點好一切，孩子遇到點小問題，就急著為他出主意，甚至直接出手代為解決。父母總想著等孩子哪天長大了，他們自己就會處理，到最後才發現孩子怎麼長不大？怎麼什麼都不會？就像最近一篇雜誌報導所說，家長「寵孩子」和「過度保護」，其實就是在栽培未來的「啃老族」。

就像孩子各種能力的培養一樣，需要時間一點一滴累積而成，要孩子培養獨立的能力，最好也從各種生活小事做起，學習壓抑自己插手的衝動，忍受孩子適度的「搞砸」、「失望」或「疼痛」，讓孩子承擔挫敗的代價，才能從中學得教訓。否則孩子總依賴著大人出手相救，永遠不知問題該怎麼避免和解決。

從正向的角度來說，多讓孩子自己解決問題，等於多給他獲得鼓勵的機會，就像孩子剛學會走路的那一刻，父母真誠的喜悅和讚美，一定會讓孩子更願意往前跨出步伐。同樣的，父母也有更多機會累積信心，才會願意讓孩子嘗試更多挑戰。既然知道總有一天得要放手，也知道放手沒那麼容易，那最好就是提早練習吧！

孩子要自己面對人生課題

在一場老同學的聚會中，一位媽媽抱怨孩子上了高中，成績一落千丈，第一次段考只有社會科及格，滿心憂慮的說不知該怎麼辦？這時一旁的同學突然找出一張以前高中的全班成績單，結果這位抱怨孩子的媽媽當年也好不到哪兒去，數學只考了二十幾分，國文也一樣不及格。大家不禁大笑，頓時發現以前的成績跟後來的成就似乎沒有太大的關連。

父母普遍是很健忘的，他們會忘記自己小時候也曾討厭或不擅長某些科目，卻又期待孩子每科都要很好；會忘了青少年時不喜歡被嘮叨，卻又忍不住想多唸孩子幾句；也常忘了孩子已經長大，卻還是當做三歲孩童般在呵護提醒，處處幫孩子做決定，不管孩子喜不喜歡、願不願意！

當然，家長也有記性很好的，他們會記得自己年輕時的豐功偉業，記得自己曾因為某些作為而得到好處，所以想要孩子也能走一樣的成功之路；或者牢記自己曾受過的傷，吃過的虧，因此希望孩子要避開風險，別重蹈覆轍。只不過，家長還是忘了，時空已改變，孩子的能力和個性也不盡相同，一心想複製過去的成功經驗，可能反成為守舊的包袱；執意避開以往失敗的風險，也可能形成孩子發展的限制。

孩子就是獨立的個體，不是父母的複製品，也不是父母的新產品。家長對孩子當然會有期待，但最好轉換成愛與信任，支持與陪伴，幫助孩子建立自己的想法和目標，培養良好的性格和能力，然後勇敢地走出符合自己期待的路。其他的問題，就讓孩子自己去面對。

家長態度　影響孩子成就高度

在一場餐會中，一位朋友問了高中學習歷程到底重不重要？引發一番討論，有人覺得好的科系還是看學測分數，也有人質疑學習歷程的真實性和公平性，聽來大家對這個新制度多半因陌生而感到憂心。

前陣子傳出補習班已經開班授課，教學生如何準備學習歷程。這幾天媒體也報導，有家長自曝其女兒的備審資料是他代筆的，甚至被大學拿來當範本，質疑現行多元入學制度的可信度。

許多制度改革，其立意是良善，方向是正確，只因大家觀念的偏差而產生更多負面的效果，並且總是輕易把問題歸咎在制度不當，然後結論就是那句：「越改越亂！」

就以代筆備審資料這件事來說，即便制度有瑕疵，但家長的心態和行為才是問題根源。家長之所以如此，是把孩子送上大學當做最終目標，或許暫時達到目的，卻放棄了該有的道德和法治教育，做了最壞的示範。這好比在十字路口闖紅燈，還怪沒有警察在路口站崗一樣。

孩子的未來，終究需要自己面對，即使大學混過去，將來總要就業。父母無法「代理」一輩子。與其到了職場才被看破手腳，不如讓孩子在求學階段誠實面對自己的不足，才能虛心學習，強化自己的實力。

有人說：「要遠望，才能看見美麗的彩虹。」家長的態度，其實會決定孩子學習的廣度和深度，進而影響孩子成就的高度。面對各種制度的改變，家長其實不用過度擔心，因為學生階段的一切歷程，都只在為面對將來的人生奠定基礎，升學只不過是其中的幾個小關卡。只要眼光放遠，就能掌握孩子學習真正需要的內涵，幫助孩子設定自己的目標。

用適合自己的方式演自己的角色

在學校和學生家長互動的過程中，很怕看到一種場景，就是問孩子喜歡什麼？將來想要做什麼？回答的不是孩子，卻是一旁的父母搶著說：「他喜歡數學」、「他擅長畫畫」、「他將來可以走財經或法律」，孩子只是默默的點著頭，沒有任何意見。

父母對孩子的期待，往往隨著孩子的年齡和發展而有差異。嬰孩時期，父母最在意的就是孩子的健康；幼童階段，則希望孩子快樂長大，永保笑容，也很願意讓孩子嘗試多種事物，培養各種興趣；到了中學以後，對孩子的課業的期待自然加重，甚至開始積極為孩子的升學做準備；就算孩子已進入職場，仍有許多家長高度關心著子女的成家立業，總希望他們的一切能更完美。

這種牽掛，是一種愛，但有時過頭了，卻成為一種傷害。最常見的，是孩子從小遵循著父母的安排，補習、才藝、活動、競賽等等，這當中有許多不是孩子自己喜歡願意，直到學不出什麼成效，或者孩子極力拒絕，父母才認賠放棄。

也有一些非常「體諒」父母的孩子，不敢反抗父母的意志，乖乖的，努力的完成父母交給他的任務。有些時候他們可能表現不錯，可以獲得獎賞激勵，也就說服著自己去忍受，去喜歡。然而，當這種強迫自己遵守的壓力越過了界，卻可能產生讓孩子和父母都想不到的反彈。

每個孩子都是獨立的個體，父母不該把太多自己的意志強加在孩子身上，甚至期待孩子實現自己的夢想。孩子的人生劇場需要父母適度的關心和照護，但父母不需當編劇，寫好台詞讓孩子照著唸。不妨做個好導演，引導孩子用最適合自己的方式，扮演最適合自己的角色，偶爾就坐在觀眾席，欣賞著孩子賣力的演出，然後給予掌聲鼓勵。

以身作則 帶孩子培養好習慣

閱讀是學習的重要方法，閱讀教育也是多年來政府積極推動的教育政策之一。然而隨著資訊科技的發展，現在的中小學生逐漸習慣從各種管道接收資訊，快速、簡短、有趣，甚至具聲光效果的素材往往更能吸引孩子，這種閱讀模式的變化，讓孩子越來越不容易靜下心來專心閱讀，閱讀教育推動也更困難。

幾年前教育部開始推行「身教式持續安靜閱讀」，同樣利用晨讀時間，不同的是鼓勵老師在教室中「陪學生一起」安靜閱讀。此活動獲得不少正面迴響，依教育部統計，如今全國已有六六七所學校響應。有些學校更積極發展出相關的主題課程和活動，讓寧靜閱讀效益更擴大，實為學生之福！

學校不僅是老師工作的場域，也是最佳的學習場所。然而繁忙的教學和行政工作，讓許多老師早已放棄閱讀的習慣。老師不閱讀，就不容易學習新知；不學習就難以進步。透過這樣的閱讀活動，應該也能讓老師找回一些學習的動力。許多老師回饋，雖然每天短短十幾分鐘，但學生從一開始坐不太住到已養成習慣，老師也能享受這段「難得寧靜」的時間，閱讀自己喜歡的素材，無論是知識或心理層面，都能獲得自我充實。

家庭是孩子另一個學習的重要場所，家長若也能每天或每周固定時間，放下手邊工作，安靜但不干涉的陪同孩子閱讀，建立「一起學習」的氛圍，不僅利於孩子的學習成長，有了共同習慣和話題，對改善親子關係也有幫助。

除了閱讀以外，還有許多良好習慣都可以藉由這種「身教」的方式來養成，例如父母喜歡運動，孩子通常也能培養運動習慣。當然，家長如果有「不良」習慣，孩子也容易耳濡目染。

讚美的藝術

在某個廣播節目中，聽到心理學專家分析臉書使用者之所以在意貼文被按讚的次數，這是因為人類的天性多是喜歡被肯定和讚美的，甚至為了獲取更多的讚美，刻意發表符合他人期待的貼文，無意間型塑出某種特定的想法或行為模式。

這個論點似乎也呼應了近年來教育思潮的轉變，以往家長或老師為了激勵孩子追求完美，將正確視為理所當然，總關注在少部分的缺失，嚴厲斥責或處罰孩子沒有做好的地方，少一分打一下，錯一題抄十遍，卻忽視了孩子大部分的好表現。而今許多研究發現，多給孩子讚美肯定，其實更能建立孩子的自信，激發孩子的學習動機，願意主動追求更好的表現，因此正向鼓勵的教育方式，越來越受到老師和家長的重視。

大人都喜歡被肯定，更何況小孩。然而讚美也非教育孩子的萬靈丹，有時錯誤的讚美時機或方法，也可能造成負面的影響。例如只褒不貶，即便孩子有錯也不指正，甚至為其找理由掩飾，讓孩子產生偏差的價值觀；或者過度讚揚孩子，誇大其表現，讓孩子產生驕傲之心，沒有虛心學習的態度；此外，用相互比較的方式來讚美，也可能不經意的打擊被比較的孩子，造成更多傷害。

讚美的藝術在於真切且恰到好處，那樣的讚美往往才是真正能激勵人心的助力。當中的拿捏並不容易，除了觀察外在行為表現，還要了解其背後動機，肯定正確的價值觀，才能持續引導出良善的行為。再者，讚美不只看結果，更要重視過程。資質優異的孩子輕鬆獲得滿分雖然也應肯定，但相對平庸的孩子願意付出更多心力，即便結果不如預期，卻更值得讚賞鼓勵。

與孩子談未來 先理解他們的現在

最近聽聞幾則親子互動的衝突事件，深感父母與青少年的溝通難為，尤其面對未來志向、興趣發展與學習規劃這類的議題時，父母容易以自身理解和經驗，想將自認為正確的觀念灌輸給孩子，但偏偏孩子就是聽不進去，嫌爸媽囉嗦，甚至刻意反抗作對，經常因此成為親子衝突的引爆點。

煩惱孩子的未來，應該是多數父母永遠擺脫不了的負擔。然而父母不妨認清兩件事，第一，孩子的未來應該掌握在他們自己手裡，各種問題挑戰都是他們要去面對的；第二，當今科技發展急速，孩子所面對的未來充滿著難以想像的可能性。因此，過多來自父母的主導或強迫，或太依賴過去的經驗和認知，其實容易削弱孩子的潛力，限制他們發展。

許多專家都建議，面對青少年的孩子，父母要扮演亦師亦友的角色，有些事情需要給孩子明確的規範和限制，以免其過度自我而傷害自己或他人；有些時候給予引導或協助，以免其迷失自我或方向；更別忘了也要經常傾聽陪伴，了解孩子的想法，同理他們的感受，因為這是與青少年建立互動溝通的重要基礎。

過來人的經驗認知絕對是有價值的，然而現在的青少年自我意識較強，也被鼓勵要有自己的想法，容易覺得父母觀念老舊，跟不上時代，寧可在同儕中找尋同溫層。因此，父母得設法讓孩子願意接收來自前輩的建議，並吸取過去經驗的價值。在此之前，父母更需要先掌握孩子的內心需求和期待，理解他們的價值觀，找到頻率相同的溝通頻道，才能產生雙向互動的良好溝通。否則，總是倚老賣老用單向的說教，孩子很容易就轉台了！

用陪伴和支持找出孩子的亮點

在各種家長座談的場合中，可以發現多數家長特別喜歡探聽其他父母是如何教養孩子？尤其是那些孩子在各方面表現優異，或者有特殊專長的家長，更容易成為大家爭相請益的對象，總希望學習他人的成功經驗，讓自己也能教出優秀的孩子。然而，有時也會聽到家長哀怨的說，看到別人家的孩子多才多藝，自己的孩子卻什麼都不行，想要栽培卻找不到亮點！

看不到孩子的亮點，問題可能不在孩子身上，而在於大人的眼光和標準。每個孩子的興趣和潛質都不太一樣，有人擅長讀書，有人能歌善舞，若父母只用自身經驗或期待去界定亮點的範圍，就可能在潛意識裡否定某些才華，忽略孩子被隱藏住的光芒。尤其到了面對升學的中學階段，更容易以現實的考量而弱化與升學競爭較無關的亮點。

另一種狀況是用過高的標準來看待，尤其是硬要拿其他孩子更優秀的表現來比較。孩子表現已經優於多數人，卻總覺得他考不夠高分，跑不夠快，畫不夠美。就像面對明亮的聚光燈，很難看到眼前其實有盞燭光。

亮點通常是比較出來的，但不一定要和他人比，只要孩子自己較擅長的，較喜歡的，願意投入時間和心力去做的，都可以成為孩子的亮點。許多時候亮點並不明顯，但經過一段的琢磨和淬鍊，累積足夠的能量，就可以發出耀眼的光芒。

從許多成功案例可以得知，要協助孩子找到並成就亮點，需要父母師長足夠的陪伴和支持，讓孩子從成就的肯定中建立自信，從挫敗的安慰中累積勇氣，即便發覺這個亮點並不如自己所期待或想像，這些自信和勇氣，也會讓他積極再找出另一個發光的可能。

把孩子當個大人溝通

每每聊到家中的青少年，許多家長心中會有個共同的難處，就是「越來越難與孩子溝通」。明明很關心孩子，也努力試著和他們溝通，卻覺得孩子越來越疏遠，越來越不想和父母互動，對話問一句答一字，有時再多說幾句就會不耐煩，甚至引發衝突。

有家長哀怨的說，與青春期的孩子溝通，應該是父母最容易當掉的學分，感覺再怎麼努力都抓不到要領，一次次的考驗總是不斷挫敗！的確，面對青少年孩子的冷漠、叛逆，甚至更多脫序的行為，常見父母以大人的立場來指正孩子，但孩子通常口服心不服，受不了就乾脆反抗，結果關係越來越糟；有些父母雖努力用「心平氣和」的方式來與孩子溝通，卻仍以「大人是為了你好」的角度，結果孩子依然不領情，反而讓父母更難受。

許多探討與青少年溝通問題的文章都強調，青少年是一段急著想變成大人的階段，是亟需找尋自我和同儕認同的時期，偏偏他們很難從父母或師長這些大人身上獲得這方面的支持和協助，為了掩飾自己的不安和焦慮，沉默或反抗往往是他們最容易的選擇。換句話說，要和青少年有效溝通，要先能獲得他們的認同，這聽來似乎有些卑微，但換個角度想，人與人的溝通不也應該建立在一定程度的認同感上？

其實只要回憶一下，父母自己應該都經歷過那段懵懂、徬徨、想要被理解，想要被肯定的青春年少，只是在傳統上對下的教養模式下，早已習慣壓抑和順從罷了。如今的社會氛圍和教養觀念已不同以往，孩子能接收到的訊息和價值更多元。因此父母需要更理解孩子也是獨立的個體，會有自己的想法，想要與青少年孩子溝通，先把他們當個大人看待吧！

親子溝通　從問對問題開始

一位在職場上與人互動總是無往不利的朋友，感嘆的說：「溝通是一門學問，與孩子溝通更是一門大學問！」原來過去他一直苦惱著親子關係越來越緊張，每次想和孩子聊聊，卻總是話不投機三句多。直到最近看了一些親子溝通的文章，才意識到自己每次與孩子對話，一開始都問錯問題了！

由於工作繁忙，在家能與孩子相處的時間有限，他總想把握機會關心孩子的學業，最常問的就是：「學校上課都聽得懂嗎？」、「功課都應付得來嗎？」、「什麼時候段考？準備的如何？」得到的回應卻多半是冷冷的一兩個字「懂」、「還好」，想多問幾句，孩子就明顯不耐煩，於是他也就難有好臉色，經常得壓抑心中的火氣，以免父子間的衝突爆發！

後來有個機會看到孩子在上網看偶像的表演，他試著問孩子在看什麼？並附和著說自己年輕時也有喜歡的藝人，也當過追星族，沒想到孩子給了訝異的表情，還主動搜尋了那些明星。儘管被孩子笑他的品味，但他心裡卻很開心，因為已經好久沒聽到孩子的笑聲了！

之前有一份親子關係的調查發現，父母想關心的與孩子想聊的事情有七成不一樣，父母經常採地雷問到孩子的「敏感問題」，例如爸媽最喜歡聊學業和交友，孩子卻想聊他的興趣和未來的夢想，導致雙方無話好談，關係越來越疏遠。此外，父母在對話中也容易站在長輩的立場，動不動就批評否定孩子的想法，結果對話成了訓話，孩子自然不想再聊。

相互理解是良好溝通的重要環節，而孩子心智尚未成熟，父母需要多同理孩子的情緒，關注孩子的興趣，才好找到適當的時機和話題開啟對話，建立良好的互動關係。

減少職場媽寶　讓孩子學習吃苦和吃虧

聽幾位不同公司的主管聊到進用新人的經驗，都不約而同的搖頭，覺得現在根本不敢奢望找到肯吃苦耐勞，主動積極的新人，只求找來的人能看清自己能耐，願意虛心學習就好，別稍微遇到挫折或不順心，就想打包走人！

他們最怕遇到的是那種還未熟悉工作流程，就喜歡用自己的想法做事情，用自己的標準來判斷事情的重要性，等到狀況發生被主管責怪後，又只會找一堆理由來辯駁，或把責任推到別人身上，完全不覺得是自己的問題。遇到最誇張的是，還讓爸媽出馬來質疑主管管理方式，不免讓人感嘆，難怪其子女會有這樣表現。

會出現這種「職場媽寶」的現象其實也不令人意外，大概也是少子化的衝擊之一。看那些過度保護孩子的父母，最常見的心態，一是怕孩子「吃苦」，不忍心看孩子遇到困難不知所措的無助，也不想看他們遇到失敗的傷心難過。總想幫他們安排比較容易走的路，先搬走可能會絆倒他們的石頭，結果可能讓孩子連抬腳跨過去的能力都學不會！

二是不想他們「吃虧」，不希望孩子輸在起跑點，怕比別人少了機會，所以，想盡可能滿足孩子的需求，為孩子爭取各種權益，總是在意表面的公平，忽略孩子可能有不同發展的需要。錙銖必較的結果，可能讓孩子失去欣賞別人優點、學習別人長處的能力，一切以自我為中心，難與人建立友善關係，更無法團隊合作。

父母的教養態度，對孩子人格的型塑有極大的影響，而那些人格也會成為其人生發展的關鍵因素。其實適度的讓孩子習慣吃苦，學習吃虧，反而可以轉化為成長的養分，也有助於開拓孩子視野，穩定其心性！

別吝於讚美孩子

在學校活動中聽幾位家長聊著孩子的學習，一位媽媽抱怨孩子的數學很差，請了家教也沒有起色，一旁的孩子很不服氣的說：「我其他科都九十幾分，你都不說，就只會說我數學不好！」另一位家長見狀先誇了那孩子，接著又補上：「哪像我家孩子幾乎每科都很糟，真不知道該怎麼辦才好？」他的孩子則羞愧的低著頭，完全不敢反駁。

事後回想，這種對話一點都不陌生。許多家長都不吝於讚揚別人的孩子，即便不了解，也會設法找出可以稱許的理由；同時又常「謙虛」的嫌棄自己的孩子，就算在他人眼中已經很優秀，也總能挑出不夠好的地方，期待有更完美的表現。

不知道是否因儒家道德觀的影響，或者不希望被人認為自己驕傲，延伸出這種「嚴以律己兒，寬以待人子」的態度。然而這種大人之間的客套，聽在孩子的耳裡，卻成了一次次的挫折打擊，覺得自己怎麼努力，總是達不到父母的期待標準，得不到該有的肯定。久而久之，這樣的孩子不僅難有自信，對學習也容易缺乏動力。

其實設身處地想，大人自己都不喜歡在他人面前被嫌棄、責罵，甚至羞辱，就算知道自己不夠好，至少也希望在外人面前留點面子。孩子的心智成熟度更低，處理這種負面感受的能力不如大人，往往只會默默承受，長期累積在心中，傷害也在無形中產生。

察覺孩子的優點，適時且適切的讚美孩子，是每個家長需要學習的重要課題，就算不好意思老王賣瓜，也不必刻意在別人面前數落自己孩子。對多數孩子來說，鼓勵會產生更多動力，不是要漫無目的的稱讚，而是針對具體的行為表現給予肯定；且肯定其努力的過程，往往會比稱讚其結果更有意義，更能幫助孩子掌握努力的方向。

言語暴力難發現　孩子其實很受傷

隨著社會發展，國人對兒童保護觀念也不斷進步，不僅立法約束體罰或肢體暴力等行為，對兒童的身心健康也越來越重視。近日有社福團體公布一項調查結果，發現近三年兒童遭精神不當對待的人數不斷攀升。各種精神遭不當對待情境中，最常見的是「父母在孩子面前爭執、使用言語暴力」，其他如「父母期待孩子聽話，不允許有任何反抗」、「親子衝突，認為所有的錯都是孩子的問題」等。

在學校教育現場也常可見因不健全的家庭或親子關係，對孩子心理造成的負面影響。而父母常基於管教或保護的用意，加上不會立即出現明顯疼痛或傷痕，因此傷害不容易被發現。且有些時候傷害是延遲性的，慢慢積累在孩子心中，導致兒童產生憤怒、焦慮甚至憂鬱情緒，甚至引發自傷或傷人的行為。

有些言語暴力是直接而強烈的，孩子產生的反應（如害怕而哭泣）也很明顯；然而有些不當語言對待卻不容易察覺，尤其是那些羞辱性的、欺騙性的，甚至是開玩笑性質的語言，往往更容易混淆孩子對自我的認知，打擊孩子的自信。

這幾年常聽到的「情緒勒索」，也是父母常會無意間壓抑孩子的一種互動方式。例如「我辛苦把你養大，你就該聽我的」、「我這麼做也是為你好，你應該要心存感激」等，那些聽起來是善意的語言，可能只是刻意忽視孩子需求，想簡化溝通理解的藉口。

孩子因不對等的年齡、體型或權力關係，面對這類精神不當對待的語言，通常無法也不知如何反抗，累積的創傷也可能要很久以後才會顯現。唯有父母隨時檢視自己的語言用詞，多站在孩子的立場去感受這些對待方式，才能盡量避免這類不當對待，也更能讓孩子理解與接受父母的用心。

連這個都不會

朋友分享一段有趣的日常，一位媽媽在指導孩子課業時，經常會出現一句：「連這麼基本的東西也不會！」孩子通常只能低著頭不敢回話；某天這位媽媽換了新手機，不知如何備份資料，只好求助孩子，沒想到這孩子一邊操作還一邊說：「這麼簡單的東西也不會！」媽媽卻理直氣壯的說：「那麼複雜的步驟誰會啊？」

一件事情難不難，本來就因人而異。對一個大學畢業的大人，分數四則運算是很基本的數學能力，但對於正在學習的小學生，卻可能就是當下的大魔王關卡；相反的，對於3C原住民的小孩，各種手機軟體操作多半能輕鬆上手，但對曾經歷按鍵式手機的大人來說，用雙手打字可能都是難以跨越的障礙。

多數大人很容易都忘了當年曾糾結於那些分配律和結合律，質疑為什麼雞和兔要放在同一個籠子裡的痛苦時光，也沒察覺自己其實是花了好多年才釐清X和Y的錯綜複雜，卻常以一副理所當然的自信，告訴孩子學那些應該算簡單的。

千萬別以為小孩都是天生對新科技這麼熟稔，個個都是遊戲高手。事實上，那也是他們花時間培養出來的技能，只是有些人快，有些人慢，甚至有些人就是學不來，因為不喜歡。

因此，面對孩子的問題，別輕易說「連這個都不會」，這樣只會否定孩子，讓孩子更沒自信，是毫無幫助的一句話。應該先去理解孩子為什麼不會？是沒學過？不理解？少練習？甚至是有學習障礙？找到病因，才能給予良方，掌握不足之處，才能補救得宜。

再者，每個人的潛能不同，大人要學會等待，多用正向的鼓勵讓孩子願意持續學習；有時還要學會接受差異，別想著自己或別人可以，孩子就一定也做得到。

親子不當相處　比校園霸凌更難察覺

近十多年來，透過諸多媒體報導，社會大眾對「校園霸凌」問題越來越關注，政府也制定了相關法令，教育主管機關每年也將校園霸凌防制列為重要教育議題。現在的家長對「霸凌」一詞已不陌生，學校單位在處理相關事件時，也都格外謹慎重視，以免引起家長質疑和不滿。

雖然重視，但多數家長對霸凌的定義未必清楚，對學校處理霸凌事件應遵守的規範也不了解，當孩子在學校中發生人際互動的衝突，或師生關係上的不合理對待，家長容易將之認定為校園霸凌事件，實際上卻未必符合相關要件。因此當學校依據法令處置時，家長因無法獲得期待的處理結果，進而怪罪甚至投訴學校，造成更多親師生關係的傷害。

家長基於護子心態，將衝突事件過度解讀為霸凌的狀況在所難免，校方也只能透過更多溝通和宣導，讓家長有更正確的認知。然而，家長在關注校園霸凌問題時，可能沒想到家庭中其實也隱藏許多類似霸凌的現象和問題。

依據「校園霸凌防制準則」對霸凌的定義，指個人或集體持續以各種方式直接或間接對他人故意為貶抑、排擠、欺負、騷擾或戲弄等行為，使他人處於有敵意或不友善環境，產生精神上、生理上或財產上之損害，或影響正常學習活動之進行。上述行為和造成的傷害，其實很常在親子或兄弟姊妹之間出現，只是家長會認為那是自己家裡的管教或相處模式，家長和孩子都很自然的將其合理化，使得這種傷害持續累積。

霸凌對被害者造成的生理和心理傷害，往往超乎表面所能見的，也常是行為人未意料到的。而不當的親子相處和管教方式，造成的影響卻可能比校園霸凌更難被察覺，且更長久和嚴重，是家長必須更加注意和自我檢視的問題。

輯五

鐵人談生涯

規劃人生馬拉松，
給孩子作夢的勇氣和能力

適合的擂台　競爭才有意義

聽朋友提及最近韓國有部收視率非常高的電視劇《天空之城》，內容以韓國上流社會中，一群欲扶助丈夫事業和培育子女成為二代貴族的貴婦故事為主軸，劇中的家長極盡所能追求兒女進入韓國ＳＫＹ三所頂尖大學，或許有些戲劇的效果，卻可說是對韓國教育現狀的批判。

過去對於韓國學生需面對超高升學壓力時有所聞，在亞洲國家中應該是數一數二的沉重。相較之下，台灣國高中生的升學壓力應該算小巫見大巫吧！不過仍常聽到家長說孩子課業壓力並未減輕，覺得教改越改越亂，補習風氣不降反升。

然而，有許多家長一邊抱怨升學壓力沉重，卻仍以升學率為選校依據，搶著把孩子擠進那些高競爭的升學班級，然後再以補習鞏固孩子的競爭地位，只為了讓孩子也能成為那令人羨慕的榜單之一。

這當中，有多少孩子就像韓劇裡的可憐學生，幾乎每天都在家庭、學校和補習班之間來回穿梭，生活都被書本、作業、考試給埋沒。他們的未來被成績定位，夠優秀的，就以頂大醫科、電機、法律等科系為目標；成績普通的，至少拼個國立大學；至於學業成績落後許多的，就求安穩畢業，反正不怕沒大學可讀。

這些孩子沒什麼機會，或者也不需要去思考自己是誰？想要什麼？想做什麼？他們的路是家長設定好的，是學校規劃好的。現階段的學習只是他們競爭的武器，和生活沒太大關係，和生涯也未必畫上等號。換個角度看，家長們無形中已建構龐大的天空之城。

競爭不是壞事，追求更好也是人性，但比起盲目競爭，孩子更需要多些機會探索自己，找出適合自己的擂台，才知道為何而爭？那樣的競爭壓力才有意義，才能轉化為持續學習的動力。

理想和熱忱　才是成功模版

就在許多考生等待著大學學測成績出爐之際，上周高雄女中學生發起「終結放榜新聞：拒絕『成功』模板，停止製造神話」的連署活動，認為不應一味以滿級分作為學生努力的最終目標，也不滿以往媒體對這些學生背景故事的過度報導。

這活動不僅獲得許多師生和社會大眾的迴響，也有多所公立高中校長表態支持，代表很多人對這種造神式的新聞追逐不滿已久。過去幾年筆者也數次在專欄中談及此一問題，每個學生都有不同的學習條件和能力，高中三年付出的努力和獲得的成就，也不能僅以學測分數來判定。

過去大家對滿級分的追求，除了證明成績優異外，也代表更有條件選擇大眾期待的醫學、電機、法律等錄取分數頂尖的科系，這種被期待的科系選擇，經常凌駕學生自己的意願。或者說，許多學生是因為有那樣的成績條件，就覺得自己適合讀、喜歡讀那些科系。這種以成績決定志向的思維，顯然與強調多元適性的教育價值觀是不同的。

今年開始，大學申請入學參採學測成績最多五科選四科，就是要鼓勵學生依照興趣選擇學習目標，發展強項科目，而不需每科都頂尖。依此理念，比起盲目追求五科滿級分，卻不知道自己真的想要什麼？我們更該鼓勵學生盡早清楚志向，將時間運用在強項科目的學習上。

由衷肯定和祝賀那些滿級分的學生，他們憑藉優異的資賦，在能力所及範圍盡力做到最好，但他們的成功，卻是大多數學生無法複製的，也未必需要複製的。每個人面臨的人生挑戰都不同，有明確目標和長遠理想，永遠對學習保持熱忱，卻是每個學生都該追求的，也才是成功學該有的模版。

別人的升學率　僅供參考

三月可說是各公私立國中招生的作戰期，許多家長正為了如何安排孩子未來三年，甚至六年的學習環境而傷透腦筋，身旁也不時有親友來詢問相關升學選校的問題。家長們選擇學校考量的因素非常多，除了基本的環境設施、師資、課程特色、學生管理外，另一個多數家長關心的就是「升學率」，不只是整體升學率，更關心進入明星學校或科系的人數，這也就是何以過去公私立學校要大肆宣傳升學榜單的原因。

許多家長把升學率看作是學校辦學績效的最重要指標，但前陣子一位學測滿級分的高材生，以自身的例子告訴大家，他其實沒有特別努力，聰明才是他勝出的關鍵，就是希望大家別忘了一個殘酷的事實，讀書考試這件事，天分其實是極大的影響因素，至少在現今的考試制度仍然如此。也就是說，在狹隘的升學戰場上，本來就有一群注定能勝出的人，更多人只能當被踩在腳下的犧牲者。

這不表示學生的努力不重要，更不代表學校的教學輔導沒有用處。相反的是，要提醒學校應該用更專業的輔導和教學，協助每個學生找到自己喜歡和擅長的學習方向，設定適合自己的努力目標，讓學生真正擁有終身學習的能力和意願。而不是只為了成就少數菁英，讓多數人飽受挫折淘汰，然後放棄學習，也放棄追求夢想。

有位家長這樣分享：「學校升學率高低，都是別人孩子的成果，不代表我的孩子也會一樣。」升學績效好的學校，代表學校用心協助那些有資質的學生達到其目標，應該被肯定；但學校教育的目的，是要成就每個孩子的發展，升學只不過是其中一個階段性目標，重要，但僅供參考！

為升學燃燒一切 卻賠上了青春

「孩子考上一所私中，進了所謂的資優班，結果為了跟上進度，應付大小考試，只能整天抱著書本苦讀，一學期下來，孩子說實在受不了，想要轉學。」這是一位家長的陳述，帶著一點懊悔和無奈，因為他以為這孩子可以和姊姊一樣撐過三年，修練出升學的成果，沒想到孩子痛苦到完全想放棄學習了。

類此狀況，常常出現，除了讓人覺得同情，也令人有所不解。許多家長明知不該為了拼升學績效而扭曲孩子的學習和生活，卻還是一心一意要把孩子送進這樣的學習環境，然後一邊抱怨升學壓力殘害孩子的身心發展，又一邊要要求孩子多做一些練習，多排一些補習。問他們為何非得這樣？答案大概都是：「沒辦法，為了升學啊！」

然而，孩子的青春，真的非得這樣被升學綁架嗎？雖然升學是必經之路，但真的需要耗盡三年或六年的時間，只為了在升學的競爭中多買一些保險，為了多往前進幾個百分比，或是為了搶進那些自己未必喜歡或適合的科系志願？

學科知識的打底，是要讓未來學習順利，但升學不該是國高中學習的唯一目標。這階段更重要的是人生態度的養成與未來志向的探索，偏偏這也是台灣中學教育最為缺乏的部分。太多學生汲汲營營追求高分好進名校，卻對自己的未來沒有想法，沒有志向，不要說養成終身學習的習慣，恐怕上了大學就失去學習動力了。

相反的，那些找到方向的學生，即便升學競爭中稍居落後位置，卻往往在日後展現學習的爆發力和續航力。

全球的人才培養觀點都在進化，大學選才的方式也已調整，面對孩子的國高中學習，家長必須認清趨勢，否則綁架孩子青春的，恐怕不再是升學制度，而是家長的態度了。

大人放手 孩子才能探索志趣

近期教育部公布一〇六學年度全國大專院校休學和退學人數統計，竟然高達三十萬人，等於每四人就有一人休退學，其中最主要的原因就是「志趣不合」，這樣的人數和比例，顯示問題非常嚴重！

志趣不合的原因大概有兩種，一種是學術條件不合，在所有學生都把上大學當做必然之路時，許多不適合學術路線，甚至基本學力明顯落後的學生，等上了大學才發現自己讀不下去。

另一種是興趣不合，這些學生多半對自己的興趣志向不清楚，或者對所選讀科系的內容方向不了解，就糊里糊塗的選填「以為喜歡」或「前景看好」的科系，讀了才知道和想像的差距太大，只好中途放棄。無論是什麼原因，這樣的休退學不只是個人時間的浪費，也是教育資源的浪費。

除了廣設大學的政策，誤導了學生和家長對高等教育需求的認知；長期以來國高中教育過於升學導向，讓學生把精力都花在應付讀書和考試上，少有時間和機會去試探志趣，更是問題癥結所在。

志向需要時間和環境去摸索和思考，不是只靠性向測驗或聽聽演講就足夠。理論上，國中階段學校應該提供機會，鼓勵學生接觸多元的學習；到了高中，學生應該有較清楚的方向，便可進一步朝自己喜歡或擅長的領域選擇修課和活動，以便找出更符合自己未來的規劃。

新課綱強調多元適性，目前看來高中階段的課程已動起來，但多數國中的學校和家長似乎仍對此無感，還是以傳統的觀念在拼升學，剝奪孩子多元試探的機會，令人無奈！

要改變這個現象，真的需要大人們放手和放心，放開干預孩子方向的手，放心讓孩子去闖去試，不要等到上了大學才驚覺走錯路，再來悔不當初。

有基礎科學素養 才有科技人

幾天前在報紙上讀到一位張鐸教授的文章，針對行政院表示未來全球將有大量ＡＩ人才缺口，台灣應該積極培養ＡＩ大軍，這位教授提出一針見血的批判，認為：「當他國義務教育在培養學生探討電與火這種基礎科學時，我們的學生只對升學成績認真，其他的自然科學實作變成娛樂紓壓。沒有基礎科學，沒有深度，如何成立大軍？青年學子的生命與心智都浪費在考試，這才是無法成立大軍的主因。」

投入教育產業三十年，對此批判深有同感。長久以來台灣的科學教育都把學習重點過度集中在片段知識的理解和記憶，目的只為了讓考試分數提高。許多應該透過實驗操作、邏輯思考、討論批判而累積的科學素養，常會因時間或設備的不足，或被視為對升學沒有效益而捨棄。

幾年前有位康橋國中畢業的學生，在參加高中科學人才培育計畫培訓時，訝異地發現一群優秀的明星高中學生當中，竟然只有他知道如何操作顯微鏡！相信類似的情況不少，恐怕很多國中學生連基本的燒杯、試管、玻片都沒碰過幾次，更別說課本沒要求要做的解剖實驗。

就如張教授所言，ＡＩ大軍需要的是能解析人類如何推理、知識表達、學習等呈現智慧的數學和邏輯思考基礎能力強的人才，都是要從基礎科學造就出來的。政府儘管積極推動程式設計學習，也只是讓更多人接觸這個領域，離真正的ＡＩ人才培育還有大段距離。

就像職業運動一樣，高超的技術背後都需要足夠的基本動作練習。應用科學的發展，也必須奠基於基礎科學的素養，而形成這些素養的關鍵時期，就是國高中階段對科學的探究和實作。如果這個環節不解開，不只ＡＩ大軍難成，各種科技人才的培養都會受到限制。

鍛鍊過程才是成長的養分

十天前在台東參加一一三公里半程超鐵賽，騎自行車時因與遊覽車擦撞而摔車，所幸並未傷及骨頭及頭部。相較之前曾在訓練中不慎摔車造成骨裂，被迫休息好幾個月無法參賽，這次的傷勢並不嚴重，所以自己訂下兩周復原的目標，四月底繼續參加另一場已報名的一一三公里鐵人賽事。

感激許多親友同事對我表達慰問，我也特地寫信告訴大家，其實鐵人賽事還是非常安全的，個人參加了八十九場比賽才第一次摔車，之後會更加小心，卻不會因此退縮放棄。除了個性向來勇於接受挑戰，長期以來的鐵人訓練，也更強化自己對於克服困難的信念。相信這是許多熱愛鐵人賽事者都有的感受，也是我鼓勵公司夥伴、學校師生一起加入鐵人運動的原因之一。

任何運動賽事都有受傷的風險，難度越高的運動風險當然越高，也就越需要足夠的訓練和準備，才能減少受傷機會，或者降低傷害程度。雖然參賽的結果會帶來一定程度的成就感，但真正的成長和收穫，其實來自於扎實訓練的過程，以及在賽事中盡力突破自己的信念。許多第一次完成鐵人賽事的選手會流下感動的淚水，不光只是因為自己在時間內跑完全程，更多是因為長期承受了訓練的辛苦和壓力。

昨日有二百六十位康橋高一學生踩上單車環台十二天，這兩個月也有三個校區共近五百位小六學生，分梯次往人生的第一座百岳「雪山」前進。為了圓夢，他們都歷經了長時間的訓練，學校也做了周延的準備。

其實孩子大可以透過書籍、影片去「知道」攀登百岳或騎車環台有多辛苦，但我們知道，只有親身體驗，那些長期訓練所累積的辛苦，才會是他們成長茁壯的養分；那些跌倒再爬起來的經歷，才能成為進化的能量。

努力的過程才是典範的價值

前陣子，一位北一女學生在網路上販賣各學科的手抄筆記，由於內容非常完整且詳細，且是以自己的學習方法記錄呈現，引起熱烈討論和搶購，據媒體報導竟熱銷破百萬元。

最近，另一位以學測四十八級分，申請上多所國立知名大學資工系的學生，則選擇將三十七頁備審資料大方的公開在網路上，內容圖文並茂，重點清楚，尤其參加各種資訊競賽的紀錄和投入各種程式設計運用的經驗，讓許多網友崇拜不已。

這兩則個案，因為切中升學議題，自然引發許多關注，但真正形成話題的原因，應該是他們都提供了許多人期盼的「學習樣板」，而且是頗具難度的樣板。

上課做筆記，本是學生都該做的基本功，但多數學生嫌麻煩，敷衍了事，寧願拿別人整理好的來參考；明確設定志向，花時間心力去投入自己喜歡的事物，這也是學生應該有的樣貌，但多數高中生懵懵懂懂跟著上課放學過三年，到畢業前還不知道自己想要什麼？方向在哪？

換句話說，可貴的不是那筆記或備審資料，而是兩位學生對學習的認真和堅持，能掌握自己的目標，並且願意比別人付出更多的努力。許多人喜歡學習典範，總覺得他人的成功經驗，應該可以複製在自己身上。

然而學習是自己的事，沒有積極的意願，缺乏清楚的目標，再多的典範或樣板，都難發揮效果。也就是說，若只看到那些表面的豐富，想複製華麗的樣板，卻忽略背後的付出，那是難竟全功的！

就如一位有心的高中老師在網路上分享，他特地買那份筆記給學生看，不是要讓學生知道別人怎麼做筆記，而是要讓學生了解，他們眼中的學霸是多麼努力！

上大學要準備的不只是分數

每到了學期末，總會有一些畢業的校友回校探望師長，看看熟悉的校園，也會分享在大學求學和生活的點滴。看著那些大孩子變成小大人，侃侃而談各自的精彩，散發出更多自信和成熟，對許多老師來說，應該是一種其他職業難有的成就感。

尤其是那些隻身在國外大學奮鬥的，我們總會特別關心他們的狀況，畢竟是在不熟悉的異鄉，而且是高度競爭的知名學府，學生們的適應和學習表現，也等於是對國高中階段教育的一種檢驗。所幸從他們的回饋多數是讓人放心，許多學生表現更超乎預期，不僅拿到優異成績，還能在各種活動中脫穎而出，成為領導者的角色。

當進一步詢問他們何以在國外能順利掌握國外大學的學習模式與步調？會發

現多數孩子都很強調自我管理和積極主動的重要，包括時間管理、學習計畫、活動參與、社交互動，甚至提早規劃未來幾年的工作實習等等。他們都清楚自己想要什麼？該做什麼？知道如何去尋找機會？當然，努力之餘，也不會忘了享受多采多姿的大學生活。

有不少家長因為孩子不適應國內的升學壓力而選擇留學，也常有家長會問：「什麼樣的孩子適合出國讀書？」相較之下，語言環境和學習方式的不同，加上各種生活文化的差異，國外大學的學習壓力是比過國內大許多，孩子在出國前應該有足夠的認知和準備，不僅語言能力需要加強，自我管理和解決問題的能力更是重要，畢竟在國外，多數時候都要靠自己，即便要求助，也得自己找方法。

當然，認清目標、積極學習、自我要求、勇於挑戰，是不分國內外學習都應該建立的態度，這態度需要從中小學階段就開始慢慢培養，因為它是不會在孩子上了大學後，就突然冒出來的。

學習親近 更懂得珍惜

暑假期間，是學生可以好好安排休閒活動的機會，然而根據這幾年的各種調查統計，青少年在暑假期間從事的休閒活動中，比例最高的就是「玩手機」，最常出現的休閒場所也是「家裡」。在各種活動中，喜歡從事戶外活動的比例相對低，戲水可能還算受歡迎，但會喜歡往山裡跑的大概少之又少。

多年來舉辦學生登百岳、泳渡日月潭、騎單車環台等具挑戰性的戶外活動，雖然讓許多家長感動，獲得許多肯定和支持，但也常有人問我為何要帶學生從事這些有危險性的活動？我總告訴他們，只要有足夠的準備，這些活動其實都很安全，人們之所以覺得危險，是因為他們不熟悉環境，不了解正確的活動方式，甚至只因為從小就被灌輸「避免做那些危險的事情」。

台灣四周環海，山林茂密，而且無論要上山或下海，距離都非常近。照理說，我們有最得天獨厚的條件推展山林教育和海洋教育，讓孩子從小學習安全正確的方式來接觸山，親近海，進而懂得珍惜呵護這些自然環境。可惜過往教育的忽視，讓多數民眾只知享受眼前美景，卻留下許多不該有的破壞；或者因過度輕忽潛在的危險而冒然從事登山戲水活動，結果造成傷害。

我們不會期待爬過一次百岳，所有學生就從此愛上登山；也不會妄想帶學生騎車環台一圈，就讓他們從此熱衷單車運動。然而，我們相信經過多次的訓練和活動的洗禮，多少讓孩子們對這些自然環境不那麼陌生，知道如何避免危險。或許將來有一天，他們會想起登頂的感動，願意帶著家人朋友再走進山林的懷抱，或者騎上單車，重新感受城市鄉村的各種風貌。這樣，也值得了！

還給學生認識自己的機會

國內許多大學生不知道自己真的想要學什麼已是常見的現象。最近有媒體針對台大學生進行抽樣調查，發現若有第二次機會，超過五成的台大學生不會選擇同樣的科系，其中四成的台大生說，科系的選擇是填志願時才決定，也有一成六的學生說，至今仍不確定自己想念的科系是什麼。

理論上，頂尖的台大學生是最有條件選擇他們想要就讀的科系，沒想到有如此高比例不滿意自己的選擇，甚至還摸索不到真正的志趣。調查發現四分之一學生坦言根本沒有時間思考生涯探索的問題，四成學生甚至表示，關於選填大學志願和生涯探索，高中最常做的事情就是排滿各種考試。這樣的結果，清楚點出問題出在哪裡。

過往大人們常要孩子先讀好書，說有了好成績，才會有得選。然而等考完試，孩子卻沒多少時間去了解自己和認識科系。再加上周遭充斥著各種長輩、同儕、社會價值觀的期待，於是很容易在迷糊、無奈或自我催眠的情況下選擇就讀科系。

有人說未來人的競爭力，第一個是「認識自己」，因為這樣才能找到真正適合自己的工作，才能持續學習精進，應付不斷改變的環境。對此，學校應是協助學生認識自己的最佳場所，尤其國高中階段，應是探索興趣志向最重要的階段。遺憾的是，大人總是輕易的忽略這件事，或誤以為孩子只要想個幾天就可以找到答案。

多年前有博士生去賣雞排，雖然與所學無關，但至少最後找到想努力的方向。如果當初學校能更重視學生對生涯的探索，或許他就不用多繞這段路。如今十二年國教課綱強調適性發展，考招制度的改變也更需要學生了解自己，期待未來國高中課程的改變，能減少類似的人生空轉，讓更多學生學其所愛，愛其所學。

正能量夠強　才能不怕失敗

最近教育部公布了二〇一八年的PISA測驗結果，相較於過去的表現，這次台灣學生在閱讀領域的表現略有進步，在數學和科學領域的表現也還算優異。幾次測驗下來，學生表現有起有落，大家關注的程度似乎也沒那麼高了。然而這次卻有一項結果引起廣泛討論，那就是台灣學生害怕失敗的指數是全球最高的！

這樣的第一名實在不是我們所樂見，雖然有點震撼，但稍微想想卻又沒那麼訝異。PISA的調查是詢問學生遇到失敗時，是否擔心別人的眼光？是否害怕自己沒天分？是否質疑對未來的規劃？調查結果原因有待進一步研究，但只要想想台灣十五歲的國中生所處的學習情境，不難體會為什麼他們這麼害怕失敗。

台灣學生常因失敗受到過多的負面回饋，例如一張八〇分、九〇分的考卷，總被指責少數的錯誤；或者因發表意見不被認同而被指責嘲笑。甚至常被強化失敗後假想的負面代價（例如考不上好學校就沒有前途），這些經驗無形中都讓他們累積害怕失敗的意識。

此外，台灣學生經常處於學業競爭的情境，有些人學習落後的孩子，會覺得自己再怎麼努力都比不上別人。然而，他們極可能有著其他未被發掘或重視的天賦，只因為在單一的學習目標和標準下，他們成為經常失敗的一群，也就容易否定自己的價值，更害怕嘗試其他挑戰。

一個人的恐懼，通常源於自身的經驗和外在的引導，當面對失敗時，若累積過多的負面經驗，缺乏正向的引導，在避險的天性下，多數人就會選擇逃避挑戰。當我們告訴學生「失敗為成功之母」，必須讓他們的失敗經驗中，有足夠的正向支持和激勵，來平衡負面的挫折和失落，他們才會累積足夠的勇氣，願意持續面對挑戰。

大人更需要學習面對未來

同事分享前陣子手機的通訊軟體中，長輩又傳來一則「八開頭條碼是基因改造食品」的網路謠言，會說「又」收到，是因為已經不知第幾次收到這則訊息了。他照往例找到網路上澄清謠言的資訊，將連結回傳給對方，也建議對方轉發給訊息來源者，希望能多少抵消一些假訊息的擴散力量。

進入網路資訊時代後，各種訊息的傳遞速度已非我們能想像，尤其當今各種網路社群和通訊群組的便利，加上各式自媒體盛行，任何一點風吹草動，都很容易被快速散播。即便許多假消息一看就知可信度極低，但總有不少人不經大腦的思考，就如同神經反射動作似的，直接手指點擊傳送出去。

因為這樣的發展趨勢，有人說新世代的教育，要更重視閱讀理解和思考判斷能力，培養學生如何從雜亂的資訊中取得正確有用的資料。實際上，這已經是現代所有人都需提升的能力，因為不管老幼，我們都已身處在湍急的資訊洪流中。

然而從經驗觀察，年輕一代因為接觸的資訊多，雖然探究不深，廣度卻也不小，他們可能比大人更會判斷訊息的真偽，或者更知道如何查證。每當有爭論性的議題出現，網路上各方資訊匯集和論證的激戰，也常讓人佩服。相較之下，許多網路謠言的傳遞者，反而是有點歲數的長者，可能受到過去刻板教育的影響，讓我們太容易相信眼前看到的片面。

有時在想，我們這些大人需要放掉一些成見，打破一些框架，忍受一些叛逆，讓年輕人有更多探索的機會，甚至是一些天馬行空的空間。因為將來有一天，當他們回頭來教我們應付未來的能力時，我們也才能欣然接受，不會惶恐。

面對困境的勇氣與智慧

每年到了四月，原本應該是康橋近四百位高一學生挑戰單車環台夢想的時間；而到了五月，也應該是近六百位小六學生挑戰登雪山主峰領畢業證書的重要時刻。然而受到今年肺炎疫情的影響，這些別具意義的活動都必須取消了。

對許多學生來說，這些是明知非常辛苦，卻都非常期待的活動。經過十個月訓練，無論是體能、技術或裝備，都已經做好周全準備，就等著和同伴們一起去感受山的雄偉，體會台灣各地的美麗。無奈世事難料，只能以更謹慎的態度面對這波嚴峻的疫情。

在投入那麼多心力準備之後被迫取消，遺憾是無可避免的，但我們總告訴學生，山會一直在，路也不會斷，只要願意，將來還有很多機會去挑戰夢想。雖然，平時我們教導學生要努力堅持追求目標，不輕易放棄，但面對高度風險時，在適當的時機果斷做出放棄的決定，不僅是一種勇氣，也是一種智慧。

無論登山或環台，都是要帶領學生走出舒適圈，讓他們在相對艱困的環境中，培養逆境抵抗力。實際上在歷年的活動中，也必然會出現各種阻礙，身體不適、天候不佳、政策改變，輕者提升活動的難度，重者影響活動的進行。

這些過程都是學習的機會、成長的養分，不僅是對學生如此，對舉辦活動的團隊也是。慶幸的是，雖然正式活動取消，但原定的各種行前訓練，學生們卻沒有輕易放棄，仍樂觀看待堅持完成。

將來這些孩子的人生路上，還會有無數的挑戰和阻礙，學校除了教導他們解決問題的知識，更需要培養他們正向面對困境的態度，在能力範圍內堅持到底，在必要時刻勇敢放棄。而這種態度無法從課本中取得，必須經歷了，才能累積。

一試從來不會定終身

上周會考成績公布，有人高興歡呼，當然也有人傷心流淚。這是學生們首次面對的升學考試，可能也是第一次承受這麼煎熬的等待。雖然結果無法讓每個人如願，但希望所有學生都能坦然接受，不用過度在意。因為會考這件事，本來就只是一段學習成果的檢驗，放在人生時間軸裡，其實也只是微不足道的一個過程。

台灣的高中升學制度歷經多次改革，從聯考、基測到會考，之所以一直無法有效化解學生壓力，關鍵總在家長和學校如何看待升學這件事。即便社會已開放多元，未來也變化莫測，傳統的升學觀仍深植於多數大人的心中，有意無意的影響著孩子，不僅引導他們如何看待學習和升學，也影響他們如何看待自己的價值。

會考要檢驗的是國中階段的學習成效，所以原設計只將結果分為精熟、基礎和待加強三個等級，但為了高中升學的篩選需要，只好再細分七個層級，並賦予相對分數，方便超額比序計分之用。於是會考結果對學生的意義，已不只是學力的檢定，更多的是對自我表現的評價，以及未來成就的期望值。

也就是說，當會考的結果不是用在檢視學生各科的學習狀況？進步或落後多少？未來的學習應該有什麼策略？對其志向的選擇有何影響？而只關注在考多少個A++？能錄取什麼學校？這學校排名如何？那會考只會更助長升學壓力。

有人認為現在會考制度仍然是「一試定終身」，然而一個十五歲的孩子，人生還有無限可能，不過是一個高中職的學習選擇，不該如此就對其未來下定論。大人們若不能先擺脫這個舊思維，就算考題再靈活，孩子仍難擺脫僵化的應試教育，繼續受升學壓力的束縛。

落點並不是終點

這幾天是高中免試入學考生選填志願的重要時刻，從會考成績出爐後，學生和家長最關心的就是會考分數的預測學校落點，坊間也有許多落點分析的參考資訊或講座。可以感受到家長學生為此緊張憂慮不已，深怕錯估局勢而進不了心中的理想學校，或者期望能盡量往前擠進排名更好的學校。

弔詭的是，家長們對高中學校排名優劣的設定，到底依據為何？除了各高中升大學的榜單，還做了哪些深入的比較？課程、師資、設備，或者辦學理念、管理方式、交通環境、外部資源等等，相信多數家長並沒有花太多時間去一一了解，最終就是把坊間依據過去經驗推估的最低會考錄取分數，作為這些學校的排名順序。

再進一步檢視這些錄取分數的差異，可能只是會考中少錯兩三題的差別，用這樣的差距來斷定學校的優劣，甚至學生的成就高低，是既不公平也無意義的。

從另一個角度想，會考分數對應的高中學校落點，也只代表著展開下個學習旅程的起點，在未來三年或十年的求學階段，甚至數十年的人生，還有太多需要努力的時間，也有更多的挑戰關卡。因此，實不需要把高中這個起點看得這麼重要。

有人說人生像一場馬拉松，不用太在意起跑的位置。其實人生更像是鐵人三項競賽，每個人有自己的出發時間，在不同的組別和賽程中盡力。有人三項都很擅長，也有人稍有弱項，但只要努力完成，都值得肯定讚賞。

人生中不會只有一場比賽，這次成績不理想，找出弱點，加強練習，下個賽程就會進步，最怕的是一開始就認定是輸家而棄賽。有些人天生不適合這些多數人會參與的熱門賽事，那麼不妨多了解自己，多看看四周，找到適合自己的賽場，挑戰不同的目標。

青少年憂鬱　防治宣導不能少

前些日子聽了一場關於校園自殺防治的報告，感觸很深，這幾年青少年自殺率逐年攀升，青少年憂鬱症比例也快速增加。然而這日趨嚴重的問題，政府、學校和醫療體系雖已察覺和重視，但投入的防治資源顯然不足，最常接觸青少年的學校老師與家長，對相關問題的知識與觀念，也亟需強化。

青少年應該是充滿青春活力的時期，但多年來許多調查發現，台灣的青少年普遍處在不快樂的情緒中。那些不快樂的因素多半來自課業壓力、親子關係和同儕相處。實際上這些外在的不利因素很難避免，因此大人常習慣孩子自己去面對壓力，期待他們自我成長，甚至覺得問題沒那麼嚴重，長大後還要面對更多考驗。

或許多數孩子能夠安穩的走過這些情緒低潮，但總有些孩子承受不住這樣的壓力，出現不同程度的憂鬱症狀，此時若能有專業的協助和支持，問題通常能改善。遺憾的是，因為對憂鬱症不夠了解，容易讓我們忽略憂鬱青少年所表現出來的警訊，甚至採取錯誤的方法來試圖引導矯正他們的問題，導致問題更嚴重。

現在醫學對憂鬱症已有相當成熟的醫療機制，傳統社會中，人們對待「心理疾病」總是多些顧慮，因而延誤治療。為此，師長和父母扮演的角色就格外關鍵。當務之急是要投入更多資源，在校園和家庭中進行相關知識宣導，就像防治煙害、毒品一樣，因為那同樣會傷害青少年身心。

師長、家長和學生對憂鬱症有更多了解，才能在症狀出現時有所警覺，並且以正向的心態去面對，及早採取正確的處置，有效降低傷害，避免悲劇發生。

放開光環 未來不只一條路

最近接連發生台灣大學學生自傷的不幸事件，有種讓人震驚遺憾，卻又不太意外的奇怪感覺。事件原因引起許多討論和猜測，雖然無法證實，但看到網路上一些曾經歷類似處境的校友分享他們的心路歷程，不難體會這些在升學制度中的佼佼者，往往承受著旁人難以察覺和理解的壓力。

能夠進入台大這樣頂尖學府的孩子，學習能力都毋庸置疑，多數從小學業成績就名列前茅，也自然被父母師長期待著在升學競爭中脫穎而出，攻下被社會大眾公認的明星學校科系。而這些孩子因為習慣承受著這樣的期待，也漸漸將其內化成自己的目標，覺得有那樣的高分，當然就要選擇令人羨慕的科系。他們沒有時間，也不需要去探索思考自己真正的興趣志向，因為身旁的人都有意無意的引導著，那些帶著光環的科系就是最適合他們的路。

於是，根據調查，台大只有四成學生真正認同自己選擇的科系，若有重新的機會，有四分之一學生會改變選擇，但仍有三分之一徬徨未定。即便資源相對充足的台大，超過四十位專兼職的心理諮商人員，仍供不應求，而這樣的問題在其他大學必然也存在！

這次的事件引起大學對學生心理輔導需求的關注，但大學端只是一連串問題的承擔者，背後原因不是大學造成，而是家庭、學校到整個社會長期偏差的價值觀，以及在這價值觀之下所建構的學習制度，讓許多學生在中小學的成長過程中，就喪失了認識自己的機會，更別說是為自己爭取未來志向的勇氣！

這種結構性和價值觀的問題不是輕易可以解決的，只能期待越多人關注和討論，或許能讓更多父母和師長的想法調整，幫助更多學子在面對心理困境時能打開另一扇門，減少憾事發生！

先適性養才 方能揚才

在政府大力宣導推廣之下，加上考招新制中強化了學習歷程的重要，感覺到越來越多家長認同新課綱強調的適性揚才理念，更關心孩子在學校課業以外的學習與專長培養。然而，也就常聽到家長焦慮的問：「可是我孩子都沒什麼才華怎麼辦？」或是：「該如何幫他培養才華？」

適性揚才是現代教育的主流思潮，簡單來說就是讓孩子依循自己的特質、興趣、能力、志向等條件，提供適切的學習環境與資源，讓學習產生功效，進而讓孩子在適合的舞台展現才華並繼續學習。

這樣的學習，並非像單純的學習一門課或讀一本書，有明確的目標和進度，而是一種持續試探、累積、修正和再試探的過程。孩子有越多試探和累積，通常就越能顯現所謂的才華。換句話說，覺得孩子沒有才華，很可能是孩子未能有足夠的試探和累積，或者是缺乏修正和再試探的機會，只在不適合的舞台上跌倒。

才華一部分需要天分，但更多時候需要環境、時間和個人努力的滋養。適性揚才並不是放任孩子只做自己喜歡的事，而是透過恰到好處的引導，甚至需要適度的強迫，讓才華的幼苗在適合的土壤中吸收足夠養分而成長。過程中孩子若有餘力，可以嘗試培養多種才華，但須量力而為，以免揠苗助長。

此外，家長不宜單純以升學目的來思考這件事，畢竟才華的培養需要時間累積，且沒有明確的終點，而升學只是漫漫人生中的幾個小關卡，為此短暫的目標而刻意培養的才能，往往不容易堅持，發自內心想去做的才能持續。

適性只是正確的開始，足夠且適當的培養方能讓才華顯揚！

十二天的踩踏 一輩子的勇氣

已經是康橋第十二年舉辦高一單車環台活動了，對學校許多參加多次的師長來說，或許那就是一個體力和壓力都是沉重負荷的任務，但對於每個參加的學生，以及他們的父母家人而言，都是一次難以複製的獨特經驗。看著許多家長在臉書上分享的照片和文字，不難想像著他們心中的激動。就算有家長已經第三次站在終點迎接孩子環台歸來，就算每次都有著同樣的擔憂和感動，但因為主角不同，故事和感受就會不同。

十二天的單車環台，只要經過訓練並不算太難，卻也非輕鬆簡單。除了要越過北宜和南迴公路兩個長上坡，每天長距離的騎乘，面對日曬風吹雨淋，無論體力和精神都是挑戰，稍有鬆懈，就可能造成傷害。因此從騎乘速度、前後車距、隊伍秩序都必須加以要求。就算是休息、用餐、就寢，都有需配合遵守的規範，才能幫助學生平安的完成任務。兼具熱血又冷酷的十五、十六歲青少年，要忍著心性去配合這些要求，也可說是另一種自我挑戰。

單車環台已是常見的活動，可能每天都有人在環台的路程上，規模有大有小，年齡層也很廣泛，然而要帶著近三百人的師生進行十二天的環台，活動的複雜度和風險性絕對是不同等級。周延的規劃、足夠的訓練、完善的後勤以及機動的應變，每個細節都影響著活動的順暢與安全。對於承辦的單位來說，都是非常辛苦的。之所以願意承受這樣的高壓，不外乎就是希望讓這群孩子磨練出更強健的體魄、更沉穩的心性、更寬廣的眼界，然後有更多的勇氣和毅力，去面對未來的每個挑戰。

孩子不會突然就轉大人，這十二天的成年禮也只是個儀式，然而一旦鳴槍開始，父母師長只能陪伴和加油，看著他們努力踩踏往前吧！

選系自在人心 何來高分低就

上周大學申請入學錄取名單公布後，一位學測滿級分的學生，「竟然」以第一志願錄取台大獸醫系，並且把台大醫學系放在第二志願，導致該系罕見出現未足額錄取的榜單。這位同學破天荒的舉動自然引發眾多討論，猜測著他做這樣選擇的原因，網路上甚至爭論著醫人和醫動物哪個比較輕鬆？比較好賺？

原本只是個人喜好的一個選擇，卻能掀起輿論風波，主要原因就是大家認為這行為太反常了！畢竟在整個社會價值觀中，一直認為台大醫學系就是頂尖科系的代名詞，理所當然是醫學院的第一志願，是許多學生夢寐以求的目標，更是家長引以為傲，學校拿來展現績效的最佳指標！如今卻有人這麼不珍惜這個名額，怎能不讓人驚訝？只是這個長久以來的理所當然，真的是「正常」的嗎？

這些頂尖大學科系在大家心中的地位，是長期累積下來的結果，除了代表著較高的學術品質和就業機會，這些科系也被當作呈現優越感的媒介，加上過去習慣以分數決定去路的遊戲規則下，最高分就應該選最頂尖科系的迷思就根深蒂固了。而在風光的榜單背後，這迷思卻可能壓抑著許多孩子心中真正的渴望，甚至他們連了解自己想要什麼的機會都沒有！幸運的人順利完成學業事業有成，不幸的可能在中途被迫放棄，或無奈做著自己不喜歡的工作。

現代教育強調適性揚才，學生要能深刻了解自我，探索出自己的興趣才能，進而規劃和選擇最適合自己的求學方向，這才應該是正常的價值觀。或許等到有一天，這個社會不再訝異學生放棄台大醫科而就讀其他科系、不再有所謂高分低就的批判論調，我們的教育改革才算有顯著的突破吧！

免費網路資源 好教育不該是廉價的

自從全台學校停課開始，數位教學資源成了維繫不停學的關鍵，於是各種網路上既有的線上教學平台使用者倍數成長，各級政府、學校或者民間機構，也積極蒐集整理各式資源，連教科書出版業者也全力支持，免費提供更多數位教材或學習資源，目的就是要讓前線作戰的老師們發揮教學專業，維持學生的學習成效。

最近也聽到有些老師分享，這才驚覺原來網路上有這麼多數位媒材，有這麼多人在各種社群平台分享各種線上教學經驗和資源，就算之前較缺乏的內容，也在這段期間很快的就補上了，讓他們備課起來安心許多。重點是，多數的資源都是免費的！

這次停課不停學的確引出驚人的線上教學需求，也同時激發出台灣教育界許多數位資源製作的能量。然而，這些資源無論是來自教師個人、公益平台、政府機構或是民間企業，雖然多數是以免費形式提供給老師和學生使用，其實都要耗費許多時間、心力、專業以及經費累積而成。也就是說，那些資源都不該是免費的，只是有一群人願意去付出和承擔。

好的教育從來不是廉價的，除了人事、教材、設備、水電等這些顯而易見的費用外，還有許多隱藏在背後的成本，包括師資的養成與專業成長、課程與教材的設計、教學科技的導入、親師生關係的建立、學校行政的經驗累積，這些過程都是教育的成本，其投入的質量也都影響著教育的品質。

希望這次掀起的線上教學浪潮，除了讓大家發現數位資源開發的重要，也能關注到這些資源產生的成本。有句話說，免費往往才是最貴的，因為要承擔更多未知的風險。應該用更長遠而務實的角度去思考，無論是付費或共享，有對等的付出，才能持續獲得有品質的教學資源。

鼓勵孩子追求進步　更重於競爭

有家長分享孩子學期末的獲獎訊息，收到朋友的稱讚，他卻回說：「比起你們家的小孩，我們這隻還差多了！」這種常見的回應，看起來是一種大人謙虛的表現，對孩子卻可能造成負面影響。

許多調查都發現，現在的中小學生多數都無法在學習上獲得成就感，就算成績優異的學生，還是承受莫大的壓力。

而這些壓力和挫折感，最主要的原因就是競爭和比較，似乎再怎麼努力，總會有比不上別人的地方，就算拿到第一名，可能還會被拿來跟別班或他校的學生相比。

我們都知道孩子喜歡被稱讚、被表揚，所以在學校中也會盡力找機會獎勵學生。偏偏許多獎勵制度都建立在相互比較的基礎上，必須「打敗」許多同儕，才能獲得表揚。

然而，當我們讚揚少數學生「總是」成績名列前茅時，代表著還有許多學生的努力總是被忽略。這種獎勵制度的功能便只限於少數學生，久而久之，激勵的效果也會越來越低，反而當學生表現稍有失常，受到的挫折更大。

其實，每個學生都需要追求的應該是不斷自我進步，只要比過去表現更好，都值得被稱讚、被獎勵，當多數學生都有機會因為自己的努力而獲得肯定，就更容易產生整體的進步發展。

當然，有時候努力的效果不一定會如預期，因此這種自我比較的獎勵概念，不一定侷限在結果，也可針對過程，包括平時的作業要求、上課表現、行為舉止等等，任何孩子可以進步的面向，都可以是獎勵的機會！

家長們也應該調整心態，多肯定孩子的努力，即便成果不如他人，讓孩子知道努力會被看見，了解進步是和自己比較，便會更願意追求進步。

學力讓學歷更有價值

同事分享其在某個用餐的場合，聽到一位媽媽對孩子說：「你不認真讀書，長大以後要做什麼？」結果孩子秒回一句：「我可以去當YouTuber。」當場讓媽媽無言以對！這讓我想起小時候常會聽到大人威脅小孩說：「你不好好用功讀書，長大就只能去做苦工。」因為他們不想孩子跟自己一樣苦過來，希望他們藉由教育獲得更舒適或更有前途的工作。

在那段經濟起飛，高等教育尚未普及的年代，的確高學歷代表著更多機會。然而到了滿街都是大學生，學歷相對貶值的今天，父母如果還想用這麼單純的論點來要求孩子用功讀書，應該沒什麼說服力！

只要稍微回想就能發現，現今有多少職業或產業型態是一、二十年未見的？隨著科技的快速發展，無論在實體或虛擬的世界中，只要發揮創意，願意嘗試，都充滿著無限發展可能。既然孩子面對的未來難以想像和預測，除了用功讀書累積知識以外，應該還有更多能力是孩子需要具備的，例如想像力、思考力、表達力、對追求新知的渴望，以及整合運用各種知識來解決問題的能力。這些能力無法展現在學歷上，卻會呈現在實際工作中，可以說是一種無法遁形的「學力」。

這並不代表學歷就不重要，畢竟那是完成一個階段學習的證明，代表當下的學習成果和能力，但並不保證未來的發展。相較於學歷的光環，學力的質量才是人生發展的長久保證。真正的學歷價值，也不該侷限在其校名或科系，更應該展現在與自我實現的連結上。也就是說，越能知道自己想要實現的目標，掌握自己需要學習的方向，讓學歷與學力相輔相成，學歷才越有價值。

培養一技之長　發展多元能力

一位家長聊到當年孩子升高中時選擇了職業學校，被好多親友問了同樣的問題：你孩子成績這麼好，怎麼會去讀高職？這位家長一開始還會認真的說明他對教育的想法，後來實在也懶得多解釋了，都一句話「尊重孩子」帶過。只是有點訝異經過這麼多年的教改，社會環境變化這麼大，多數家長對教育的觀念還是沒什麼改變！

長久以來技職教育體系總被當作不得已的升學選項，因此常聽到家長無奈的說：「自己的孩子不會唸書，只好去讀職校，至少學得一技之長。」甚至學校老師也會以這種心態輔導學業成就較低落的學生。

然而在高等教育普及化之後，技職教育同樣有許多繼續升學的管道，一般大學也更重視學生的求職能力需求。可以說現今的教育體制與就業環境，技職和學術分界越來越模糊，「萬般皆下品，唯有讀書高」的傳統觀念也該轉變了！

其實無論是技職體系或一般學術導向的學習，只是培養和應用的專業重點不同，職涯路徑也可能有所差異，但無論哪一條路，都應是要能學得一技之長，才能有好的發展，否則就算學了四年學術理論，也未必能勝任職場的實務工作。

進一步想，一技之長恐怕也不足以應付快速變化的社會，因此在強調跨領域學習的時代，學生要學習融會貫通、整合運用不同領域的知識和技能，在動腦探究的同時，也要有動手實作的應用；在追求更高深的專業知識時，也需理解更多元的周遭世界。

面對難以預測的未來，無論走哪一條升學路徑，關鍵都在保持學習意願，強化學習能力，不斷成長進步。同時，在既有的專業上，越能發展多元的能力，也就越能適應複雜的環境變化。

每個孩子都可以是高材生

在許多場合中可以發現，有些父母看到別人家小孩成績優異，考上名校，總會以羨慕的眼光，稱讚其為高材生，前途似錦，然後回頭怨嘆自己的孩子不成材，腦筋不好，不會讀書，將來不知要做什麼好？

這也可算是常見的智育導向迷思，尤其在華人社會，習慣以學歷高低來預判一個人的未來成就，所以常會說國立大學醫科高材生，卻不太有人會講某高職餐飲科的高材生。然而「高材生」這個詞，應該是指在某方面有優異能力和成就的人，不該侷限在那些很會讀書考試的學生，相信沒有人會否認吳寶春、戴資穎、周杰倫這些人的技術和成就足以稱為高材生！

另一方面，大家也容易把高材生想成為「高才生」，覺得他們必然是天生有才華，夠聰明，學習能力特別強，輕鬆就可以做到別人難以達到的成果，因此在學習上容易聯想到那些資優生或學霸。這種偏見會忽略努力的重要，覺得天分才是必要。實際上，高才生未必能成為高材生，那些在各個領域出類拔萃的人物，鮮少只靠天分就夠的，多數是經過長期努力，熬過一般人無法負荷的辛苦，才能磨練出優於常人的才能，達到傲人的成就。

在傳統的學習體制中，許多孩子的才華不被看見或重視，只能跟著追求那些他不擅長的目標，埋沒了許多潛在的高材生。人各有志，因其各有才；也唯有順其才，才能助其得志。現今的教育強調適性揚才，就是要幫助孩子察覺自己的興趣和潛能，進而點燃學習的欲望，鼓勵他在擅長的領域付出更多心力，追求更高的目標，如此每個孩子都可以成為高材生。

換個地方爬起來 讓學習更有自信

一次用餐的場合，聽到鄰桌的媽媽對女兒講著「龜兔賽跑」的故事，當媽媽準備引導孩子要有毅力堅持到底的道理時，孩子突然冒出一句：「烏龜為什麼一定要跟兔子賽跑呢？」媽媽一時也不知如何回答，只好說故事就是那樣寫的！當下內心也受到一些衝擊，從小聽故事，怎麼從沒想過這問題？

想起一位身在醫師世家的友人被問到是否希望孩子也能學醫繼承衣缽？他果斷給了否定的答案。他說當年就是在家庭期待下，逼自己選擇這條路，歷經幾次挫折勉強達到「父母的目標」，中間的痛苦煎熬曾讓他想放棄一切，儘管現在的工作和生活讓人羨慕，但那痛苦的記憶一直揮之不去，除非孩子自己願意且有能力，否則他不願讓孩子重蹈覆轍。

過去我們常被灌輸勤能補拙的觀念，要有愚公移山、不屈不撓的精神。然而這些道理並不一定適用在所有的學習上，科學研究證實，每個人的腦部神經發展不同，順著專長能力發展，學習成效才會更大。

偏偏仍有些父母相信自己的遺傳，堅信孩子有潛力，認為只要加倍努力一定可以做得到。逼孩子投入大量時間精力去學習不擅長或不喜歡的事物，得到的卻只有事倍功半的效果，甚至帶來悔不當初的傷害。更多的父母雖不那麼極端，卻也都在孩子實在無法應付傳統的學習競爭後，才體悟到應該給孩子走適合自己的路，可惜的是，孩子已經浪費許多青春，折磨掉許多熱情。

龜兔賽跑畢竟是寓言故事，現實中相信少有人會選擇這樣沒有自信的競爭。我們常說在哪裡跌倒就從哪裡爬起來，然而學習這件事，如果孩子經常在同一個地方跌倒，很可能那就不屬於他的舞台，不妨讓他換個地方爬起來吧！

培養未來競爭力 更不該輸在起跑點

每年到了下學期，不僅各私立中學卯足勁在招生，公立學校也越來越積極，畢竟少子化的壓力下，家長的選擇權也更大！儘管看起來選項多了，但多數家長思考的角度卻沒有太大的改變，即便肯定多元的學習機會，往往最後還是回到那個老問題：「孩子會不會有競爭力？」而且十之八九指的是「升學競爭力」。說白一點，就是能否考上好的高中或大學！

當反問家長對於孩子未來在職場上，或人生發展上需要的競爭力是什麼？卻又會出現不同答案，例如堅持的毅力、面對挑戰的勇氣、解決問題的能力、溝通表達、創新求變等各種「做人做事」的能力，學歷的重要性反而往後退了許多。

家長們雖然認為這些「做人做事」的能力很重要，但較難客觀評量，在目前的升學機制中也較不被重視，因此家長不太會把學校如何培養這些能力，當作評估國高中選擇的必要條件，多半還是以升學績效為優先考量。於是能有效的督促甚至逼迫學生拿高分，對家長來說還是最立竿見影的，無論孩子在追求分數的過程中犧牲了什麼？

或許家長覺得這些做人做事的能力，等上了好的大學再來培養也不遲。弔詭的是，既然家長不想讓孩子輸在起跑點，總想在課業上讓孩子搶先一步，以便取得重要性越來越低的好學歷；面對長遠更重要的競爭力，豈不應更積極、更急迫的想協助孩子建立？

道理人人都懂，就是放心不下；面對升學的關卡，要徹底放掉自己和社會根深蒂固的價值觀，確實需要很大的勇氣和決心。然而家長若能跨越這一步，用更長遠的眼光看待孩子學習的需要，相信孩子在多元的學習中，不僅累積各種未來的競爭力，更能激發學習的潛能。

無形中被框架的夢想

今年台大電機系畢業典禮，畢業生代表致詞，要同學特別感謝父母當年沒有逼他們去讀醫學系，才能讓他們在電機系畢業。此話一出，不僅讓現場師生笑了，也引起不少社會共鳴。這聽起來有點玩笑話的自嘲，卻是一針見血的道盡不少學霸的無奈。

這群學生在升學路上可謂菁英中的菁英，他們的學測或指考成績，看似可以挑選大學各種科系，實際上卻常因某些框架而侷限了他們的選擇。這些框架可能來自父母師長的期待、同儕的比較、社會價值觀的評價等等。例如原本對昆蟲有高度興趣的學生，當他有條件申請醫學系時，能有多少勇氣面對外部的壓力，抵抗榮耀的誘惑，進而堅持自己的夢想呢？

換另一個角度想，身為父母師長的我們，雖然常說鼓勵孩子追夢，但又能有多大的氣度，去支持孩子放棄名校科系的光環呢？

這位畢業生慶幸的是父母尊重他們最後的選擇，然而在場學生中，應該也有當年因為分數夠高，必須放棄自己真正喜愛的科系。甚至，有許多人從一開始就沒有機會去探索自己真正喜歡的事物，從來不知道自己的夢想是什麼？

因為在他們的求學過程中，大部分時間都專注在當下的課業，以求更高的分數。而他們的志願，很容易因為成績而被「決定」，或是長時間被有意或無意的灌輸而生，就像聽到：「你功課那麼好，將來要當醫生？還是工程師？」如此的理所當然。

我們不需全盤否定大人經驗的價值，給予適當引導與建議對孩子來說也是很重要的，關鍵在於如何拿捏分寸，用開放的心胸和跟上時代的眼光去理解他們，避免過度主導，甚至直接否定孩子的興趣與夢想。更重要的前提是，要給孩子充分探索的機會，才能讓他們更了解自己的喜好。

人生要比馬拉松更有趣

前陣子看到一篇文章，談到在ＰＩＳＡ測驗表現總是名列前茅的芬蘭，不僅讓小孩滿七歲才入小學，甚至會讓有些孩子多花一年來完成低年級的學習，因為他們認為那是人格養成最重要的啟蒙階段，基礎穩固將來學習發展才能牢靠長久，和亞洲國家家長怕孩子輸在起跑點，總喜歡讓孩子提早學習的想法非常不同。

該文章提出「人生應是一場馬拉松，不是百米衝刺」，也是過去常分享給家長們的觀點。許多孩子現階段面臨的挫折，或所謂的落後，放到幾十年的時間裡來看，都只是微不足道的差距。這幾年看到許多孩子在不同領域找到興趣，各自設定挑戰目標，進而發光發熱，又有了更深的體悟。

人生其實不必像一場馬拉松，因為馬拉松有固定路線和距離，也是一場場有規則的競賽，大家關注的只有最先跑到終點的幾位選手與他們的成績，多數跑者的過程狀況如何只有他們自己知道；但人生更像一段未知的旅程，有多長不得而知，每個人的方向、路線、距離都不同，當中會遇到的機緣或挑戰也很不一樣。

此外，無論是馬拉松或百米衝刺，都只有不斷單調的往前邁步，只管成績輸贏（不管和自己比或與他人競爭），但人生還有許多人與人的互動、交錯、扶持、付出，每個言語或動作，都可能影響著其他人，可能在身邊的親友，也可能是天邊的陌生人！

實際上，人生比馬拉松複雜多了，也應該有趣多了！最好是能真正找到自己的目標，在往目標前進的同時，能欣賞各種風景人物，感受酸甜苦辣。更棒的是能有一群夥伴相互支持，一起創造旅程的精彩。至於誰快誰慢？就沒那麼重要了！

才華無貴賤　能力態度判高下

前陣子台灣職棒進行選秀，一位自建中和台大畢業的選手獲得指名，不止媒體報導，也因台大教授的分享引發議論，有人質疑讀了這麼好的學校科系，這樣的選擇豈不浪費過去的學習？但多數人都很肯定他追逐夢想的毅力和勇氣。

這樣的新聞之所以引起關注，其實都因為潛意識裡仍把「學霸」和「職棒選手」視為不相關，或是不同層次的兩種角色，自然產生「這麼會讀書，卻去打職棒」的訝異。儘管大眾的觀念已較開放進步，能獲得更多肯定與支持，但相信要抵抗周遭對學霸光環的期待，走一條不一樣的路，面對的掙扎和壓力依舊不小。

華人傳統的觀念裡，對不同專長和學習過程，仍多少存有高低貴賤的框架。讀書被當作一種聰明才智的象徵，是較高階的能力，其他在運動、藝術、烹飪、工匠等技術能力，通常被視為讀書以外的「特殊專長」。所以當名校生去打職棒，大家會覺得很特別；同樣的若有從小打棒球又能考上台大，也會覺得難能可貴。

也就是這樣的觀念束縛，讓許多擁有不同能力專長的孩子，總要先經過一段讀書考試的折磨考驗後，才「不得已」去選擇適合自己的學習路徑，甚至因為會讀書，必須無視或放棄自己更喜歡的天賦能力。

這位職棒新人真正讓人讚賞的不是他會讀書也會打球，而是他的努力和堅持，以及對自我的了解與負責態度。實際上這個社會充斥著各種同時具備多項才華的人，各行各業中擁有高學歷的例子比比皆是，真正判定高下的不是智商和學歷，而是特質和能力。我們的下一代更需要的是能認清自己的才能與志向，立定各階段的目標，不斷學習新知和增進所需的各種能力，不管做什麼都盡力追求更好的表現，才是在未來具備競爭力的要件。

給孩子作夢的勇氣和能力

某次與友人聚會，大家聊起年輕時各自的夢想，有人想打造一個跨國事業集團、有人想探索外星生物、有人想發明新藥治療各種癌症、也有人想環遊世界嚐盡各地美食。聽著那些沒有被實現的雄心壯志，大家一邊相互嘲笑著年輕時不知天高地厚，一邊回味著曾經有過的熱血情懷，甚至有了想重新追夢的衝動，為人生下半場注入新的活力。

然而，觀察現在的年輕學子，當被問到自己的夢想，許多孩子想到的是「希望考上某某高中或大學」、「希望從事什麼職業」，聽起來是很務實的「願望」，卻也不免會想，他們在考上心中的第一志願之後呢？成為醫師、程式設計師之後呢？照理說，學生階段應該是最有本錢天馬行空作夢的年紀，何以這些孩子只能把階段性目標當作自己的夢想？

現實中多數人的夢想會隨著各種限制和認知，逐漸被壓抑和打磨，逐漸轉變為務實的生活或工作目標。那麼，是什麼樣的現實因素抹滅掉十幾歲孩子作夢的能力？是怕被嘲笑責罵好高騖遠？還是為了專注於每天的學習，沒時間去作夢？或者因為未來目標都已經被設定好，根本不需要有自己的夢想？

有句話說「人因夢想而偉大」，是因為夢想代表一種希望，一個讓人想要努力的目標方向。夢想自然會有些不切實際，也未必能實現，但努力追求的過程，仍可能累積意想不到的成果，創造出不凡人生，就像帶領人類飛向天際的萊特兄弟一樣。

我們不用期待每個孩子都有那麼遠大的夢想，但至少該讓每個孩子都有作夢的勇氣，再來培養他們追求夢想的能力，這樣的下一代才能持續充滿希望和活力！

落實適性揚才　讓學習擇其所愛

今年大學分科測驗放榜，創下近九成九的錄取率和一萬四千多個缺額數的新紀錄，少子化明顯衝擊大學招生。然而，看似考生有更多選擇喜愛科系的機會，實際上大學休退學人數卻不減反增，許多科系休學率達兩位數。顯然在教育過程中給學生的適性引導太少，以致讓學生多蹉跎了時間，且再次選擇仍未必選到所愛。

十二年國教課綱期許以「成就每一個孩子——適性揚才、終身學習」為願景，自實施以來，配合大學入學考招方式的變革，給中學教學現場有了改變的契機。協助學生考出高分成績已不是老師追求的單一目標，更多的老師期待學生在升學路上能「選擇所愛，愛其所選」，落實適性揚才教育願景的實現。

學生將來適合讀什麼？做什麼？已漸漸成為高中和大學兩端共同期望找到的

答案。大學端近年來開始提供科系探索營隊的服務，雖可讓學生對科系有更多了解的機會，但適性揚才絕非單靠參加探索營隊可以實現的，相關配套的教育工程仍多賴國高中端挹注更多教育資源去執行。例如適性分組教學，搭建鷹架給學生合宜的學習內容；引介家長及業界資源，辦理職涯探索活動，開啟學生視野，認識各行各業的真實樣貌；配置專業升學輔導老師，利用相關性向及興趣測驗量表，輔以學習表現，協助學生認識和探索自我，配合家庭晤談，幫助學生找到合宜的升學進路及學校科系。

適性揚才是很前瞻的教育願景，而願景的實踐除了需要轉化成可操作的工程來執行，更需要親師生的觀念改變。「分數考到哪？志願就填到哪？」的舊思維該被揚棄，學校需建立珍賞學生各樣才華，支持多元展能的學校文化，引導並激勵學生及早認清志向，才能在升學時真正擇其所愛。

放手讓孩子跑跳動　學習自我保護

近幾年台灣有一群家長，深覺各地的公園遊具被大量更換成非常相似的罐頭遊具模組，雖然強調安全，但尺寸低矮，挑戰性低，功能不足，根本引不起孩子的遊興，於是組成「台灣還我特色公園行動聯盟」，六年來成功推動約二百座公園遊戲場改建案，掀起台灣兒童遊戲場的新革命，讓孩子更想盡情的在公園裡玩耍。

的確在過去一段時間，無論是公園或校園的遊樂設施，安全性總是被當作最優先考量，大人也多以預防受傷的態度來要求孩童，常提醒孩子不要溜太快，盪太高，跳太遠。於是許多傳統的遊樂設施被拆除，換成一點都不刺激的現代遊具。

然而根據研究，兒童遊戲場中各種旋轉、攀爬、彈跳或溜滑的動作，都在增加他們統合肌肉、關節、骨骼等組織知覺的機會，對孩童身心發展非常重要。此外，讓孩子接觸多元的材質，例如石材、鐵鍊、木頭、草地、沙坑等，能豐富孩子的觸覺刺激，也有助於發展想像力和創造力。換句話說，刻意避免這些略有危險性的動作和環境，看似保護孩子，卻是在剝奪孩子學習避險的機會，反而弱化孩童對於危險的判斷與避免能力。

自從在學校推動帶學生登百岳、泳渡日月潭和單車環台這些具挑戰性的活動，常有人會問學校不怕發生危險嗎？萬一學生受傷家長能接受嗎？實際上，任何活動都有風險，重點在於讓孩子學習保護自己的方式。只要透過循序漸進的訓練，做好相關醫護準備，即便真的摔了、扭了，也能減低受傷程度，這樣的風險應該就是可以接受的。如果無法承受任何傷害，孩子將失去很多探索與學習的機會，更難培養面對更大挑戰和困難的能力。畢竟溫室裡的花朵，終將難以抵抗現實環境中的日曬雨淋。

教養生活 74

鐵人教育心法：李萬吉獨一無二的教育理念和生活哲學，創造美好人生的100個智慧

作　　者—李萬吉
照片提供—李萬吉
責任編輯—陳萱宇
主　　編—謝翠鈺
行銷企劃—陳玟利
封面設計—陳文德
美術編輯—菩薩蠻數位文化有限公司

董 事 長—趙政岷
出 版 者—時報文化出版企業股份有限公司
108019台北市和平西路三段二四〇號七樓
發行專線—（〇二）二三〇六六八四二
讀者服務專線—〇八〇〇二三一七〇五
（〇二）二三〇四七一〇三
讀者服務傳真—（〇二）二三〇四六八五八
郵撥—一九三四四七二四時報文化出版公司
信箱—一〇八九九　台北華江橋郵局第九九信箱

時報悅讀網—http://www.readingtimes.com.tw
法律顧問—理律法律事務所　陳長文律師、李念祖律師
印　　刷—勁達印刷有限公司
初版一刷—二〇二三年六月三十日
定　　價—新台幣三五〇元
缺頁或破損的書，請寄回更換

時報文化出版公司成立於一九七五年，
並於一九九九年股票上櫃公開發行，於二〇〇八年脫離中時集團非屬旺中，
以「尊重智慧與創意的文化事業」為信念。

鐵人教育心法：李萬吉獨一無二的教育理念和生活哲學，創造美好人生的100個智慧／李萬吉著. -- 初版. --台北市：時報文化出版企業股份有限公司，2023.06
面；　公分. --（教養生活；74）
ISBN 978-626-353-840-5（平裝）

1.CST: 教育 2.CST: 文集

520.7　　112006749

ISBN 978-626-353-840-5
Printed in Taiwan